CB079742

Como a corrupção abalou o governo Lula

Como a corrupção abalou o governo Lula

Por que o presidente perdeu a razão e o poder

Luiz Otávio Cavalcanti

Ediouro

Copyright © 2005 Luiz Otávio Cavalcanti

Capa:
Julio Moreira

Imagem da capa:
Filipe Araújo/Agência Estado/AE

Copidesque:
Marise Chinetti

Revisão:
Glaucia Cruz

CIP - Brasil. Catalogação-na-fonte
Sindicato Nacional dos Editores de Livros, RJ

C366c Cavalcanti, Luiz Otávio, 1946-
Como a corrupção abalou o governo Lula / Luiz Otávio Cavalcanti. - Rio de Janeiro : Ediouro, 2005

ISBN 85-00-01846-1

1. Silva, Luiz Inácio Lula da, 1945-. 2. Partido dos Trabalhadores (Brasil). 3. Brasil - Política e governo, 2003-. 4. Corrupção na política - Brasil. I. Título.

05-2612. CDD 320.981
CDU 32(81)

05 06 07 08 09 8 7 6 5 4 3 2 1

Todos os direitos reservados à Ediouro Publicações Ltda.

Rua Nova Jerusalém, 345 – Bonsucesso
Rio de janeiro – RJ – CEP 21.042-235
Tel.: (21) 3882-8200 – Fax: (21) 3882-8212/3882-8313
www.ediouro.com.br

Sumário

Capítulo 1

O começo

No dia 6 de junho de 2005, o deputado Roberto Jefferson (PTB - Rio de Janeiro) deu uma entrevista que abalou os alicerces da República. Na entrevista, ele afirmou que parlamentares do Partido Popular - PP e do Partido Liberal - PL, que participam da base aliada do governo, receberam o mensalão. Mensalão seria uma mesada oferecida a deputados para votarem a favor de projetos de lei, encaminhados pelo Poder Executivo, em tramitação na Câmara dos Deputados.

Ele o fez em seqüência a uma reportagem da TV Globo, levada ao ar diante da audiência maciça de mais de 40 milhões de telespectadores noturnos do Jornal Nacional. Na matéria, um dos diretores da Empresa dos Correios embolsa R$ 3 mil, entregues por um interlocutor. O gesto de embolsar o dinheiro veio depois de o diretor dizer que participava de esquema de mobilização de recursos destinados ao PTB, esquema dirigido, segundo ele, pelo presidente do partido, deputado Jefferson.

Um parlamentar com a experiência política do deputado Jefferson tem consciência do que fez e do que está fazendo. Não se trata de um amador. Ao contrário. Ele cumpre pela quinta vez mandato de deputado federal. Integrou a tropa de choque do ex-presidente Fernando Collor de Melo. Preside o PTB desde a morte, em acidente de avião, do ex-presidente, Carlos Martinez, há dois anos.

Jefferson versus Dirceu

De fato, criou-se um desentendimento pessoal com graves conseqüências políticas entre o ex-ministro José Dirceu e o deputado Jefferson. O então ministro-chefe da Casa Civil prometera apoio financeiro, no valor de R$ 20 milhões, ao deputado, que exercia, à época, a presidência do PTB, para ajudar na campanha eleitoral de 2004. O apoio não se concretizou. Houve o repasse de R$ 4 milhões. Mas, certamente, para que a indisposição entre os dois políticos alcançasse a gravidade agora revelada, deve ter envolvido outros desencontros. O parlamentar do PTB chegou a afirmar que "os petistas sequer nos escutam, eles querem é nos comprar". E, durante o depoimento do ex-ministro Dirceu à Comissão de Ética da Câmara dos Deputados, o deputado Jefferson afirmou, dirigindo-se a Dirceu: "Não tenho medo de Vossa Excelência, mas o temo. Porque Vossa Excelência estimula meus mais baixos instintos".

Jefferson mostrou domínio de palco no discurso e no canto. Acentuou sua capacidade de orador na tribuna da Comissão Parlamentar Mista de Inquérito – CPMI, modulando momentos de agressividade e de paciente humor. Revelou também, no ínterim de suas aparições políticas, dotes de tenor, ouvidos pelos jornalistas que faziam plantão embaixo do apartamento funcional que ocupa numa Super Quadra, em Brasília.

De outra parte, do ponto de vista da corporação a que pertence, a Câmara dos Deputados, ele rompeu com o código de honra da instituição, ao modo da *omertá* da Máfia, como disse o professor Demétrio Magnolli, em debate na Globonews.

Valerioduto

Ao transpor a fronteira das normas da Câmara, a cujo quadro está vinculado, o parlamentar petebista criou seu próprio código de conduta. Não se impôs mais nenhuma fronteira, ultrapassou limites e mergulhou no abismo.

O conteúdo contundente da entrevista dada pelo deputado Jefferson possibilitou a descoberta de impressionante e engenhoso esquema de apropriação de recursos públicos e privados. Provocou, por outro lado, a queda do mais precioso patrimônio político cultivado pelo PT em 25 anos de atuação partidária: a defesa da ética.

O esquema funcionaria da seguinte forma: as agência de publicidade do empresário Marcos Valério, de Belo Horizonte, a SMPB e a DNA, concentrariam recursos decorrentes de várias fontes. Tais fontes envolveriam contratos superfaturados de empresas públicas, empréstimos feitos pelas agências de publicidade e suposta lavagem de dinheiro.

Esses recursos serviriam para cobrir dois tipos de despesa. Primeiro, financiar contribuições financeiras destinadas a parlamentares da base aliada do governo, compreendendo PT, PL, PP, PTB, um parlamentar do PFL e um parlamentar do PMDB. Com essa manobra, os parlamentares votariam a favor de projetos oriundos do governo. Segundo, financiar gastos de campanhas eleitorais.

A crise e o PT

A operação do esquema, inclusive a distribuição de dinheiro, se daria por intermédio de estrutura paralela montada no PT, gerenciada por dois ex-diretores do diretório nacional petista: o tesoureiro Delúbio Soares e o secretário-geral, Sílvio Pereira. A ação operacional contaria com o suporte político do ex-ministro da Casa Civil, José Dirceu. O fluxo financeiro funcionaria através da agência do Banco Rural, em Brasília. Teriam sido distribuídos aproximadamente R$ 55 milhões a cerca de meia centena de beneficiários, inclusive mais de uma dezena de deputados, entre os anos de 2003 e 2004.

A entrevista produziu conseqüências sérias em vários campos e abriu caminho para a mais profunda crise republicana nas últimas décadas.

Primeiro, atingiu a estrela política e o cerne moral do PT, derrubando o diretório nacional do partido. Segundo, afetou a credibilidade política do ex-ministro-chefe da Casa Civil, José Dirceu. Terceiro, bateu na operação deformada e corrompida de algumas empresas do governo. Quarto, produziu mais um teste sobre a capacidade das instituições políticas de processarem a crise no marco das leis vigentes. Quinto, provocou tensões sobre as expectativas do mercado que poderão (ou não) abalar a solidez que vem apresentando a economia.

O suposto episódio de mensalão carrega um paradoxo moral e, ao mesmo tempo, uma decepção política. Com efeito, o PT assumia, no cenário dos partidos políticos brasileiros, o papel de fiador da ética. Fazia dessa bandeira sua grande saga política e eleitoral. Com ela, reuniu reconhecida carga de esperança para parcelas significativas da população brasileira, que querem a renovação dos costumes políticos nacionais. Do ponto de vista da maioria do povo, a queda moral do PT é uma perfeita tragédia. Só a microvisão de dois dirigentes sindicais, travestidos de lideranças partidárias, e a cumplicidade do poder explica o desastre.

Por sua vez, o envolvimento consentido do ex-ministro José Dirceu no episódio acentua seu surpreendente descesso político. Dirceu começou grande no governo, como uma espécie de primeiro-ministro, que a tudo no governo coordenava e em tudo na República se envolvia. Terminou pequeno na Câmara. Não revelou estatura para crescer como político no exercício do poder. Ganhou altura como quadro partidário, mas acabou no chão, abatido pela própria insensatez.

José Dirceu sempre foi um solitário. Mesmo quando confraternizava com a multidão. Ele compunha um quadro de multidão e solidão, gêmeas. É do estilo dos guerrilheiros. É do talhe dos burocratas. Trata-se de escolha consciente, conveniente. O que espanta a nação, na perspectiva da história pessoal e política de Dirceu, é a contrafação de seus atos na chefia da Casa Civil. Mas a solidão política involuntária em que se situou, afinal, o ex-ministro mostra um quarteto no deserto repleto de erros: Dirceu, Valério, Delúbio e Sílvio.

De outro lado, a participação, mais uma vez, de funcionários públicos em episódios de corrupção evidencia a necessidade urgente de se adotar duas providências. Primeiro, conferir mais efetividade à fiscalização do Tribunal de Contas da União – TCU, visando diminuir a taxa de impunidade de administradores públicos. Segundo, executar com mais vigor o controle prévio das auditorias internas sobre empresas e administradores públicos, de maneira que as auditagens se antecipem a possíveis atos de corrupção.

A crise e a economia

Do ponto de vista da repercussão da crise sobre o funcionamento da economia, passados sessenta dias da entrevista do deputado Roberto Jefferson, o dólar continua ao redor dos R$ 2,35. A Bolsa de Valores permanece com volume estável de aplicações, breves oscilações diárias, em torno de 26 mil pontos. O risco-país se mantém no raio dos 410 pontos.

Após quase dois meses de notícias diárias sobre corrupção no país, o desempenho econômico exibe sinais de normalidade. Por duas razões:

- as denúncias de corrupção, embora tenham alcançado o presidente da República por omissão em relação ao controle de atos de gestão, não configuraram crime de responsabilidade;

- os fundamentos macroeconômicos apresentam números firmes: taxa de inflação anualizada inferior a 6%; superávit fiscal superior a 4,25%; câmbio flutuante e operando no contexto de política monetária rigorosa; dívida pública desatrelada do dólar; taxa estimada de crescimento do PIB, para este ano, de aproximadamente 3%.

De outra parte, o resultado da balança comercial destaca números imprevistos. O saldo superavitário, este ano, alcançará US$ 40 bilhões. As exportações devem bater no valor global de US$ 130 bilhões.

O volume exportado mudou de patamar em decorrência de três fatores: aumento da liquidez internacional, elevação da demanda no comércio mundial e maior competitividade das empresas exportadoras brasileiras.

O fato é que a economia nacional vem mudando nos últimos anos. É empreendimento compartilhado no tempo por vários governos. Começa com a abertura para o exterior determinada no governo Collor. Continua com a privatização deflagrada na gestão Fernando Henrique Cardoso. E prossegue na política de estabilidade da administração Lula. Esse é o trinômio do sucesso econômico brasileiro: abertura para o exterior, privatização e manutenção da estabilidade. Sob o signo político da continuidade ("O grande salto", Míriam Leitão, Diário de Pernambuco, edição de 5 de agosto de 2005, p. 4B).

Do ponto de vista da crise, pois, a economia resistirá enquanto indício concreto de corrupção não entrar no gabinete do presidente Lula.

O modelo de corrupção abrangeria a seguinte organização teórica (segundo Luis Nassif, Folha de S. Paulo, 3 de agosto de 2005, p. B4):

- operador interno: quem conhece a máquina, funcionário de carreira ou não, tem o mapa dos processos. Não se acaba com a corrupção com a extinção desses cargos;

- político: deputado ou senador com influência para indicar operador interno;

- operador externo: lobista, que faz as conexões entre operador interno, ministros indicados e setor privado. Tipo Marcos Valério. Gravitam em Brasília;

- grampeador: espiões que trabalham sob encomenda, com dossiês, podendo atuar com chantagem;

- jornalista de dossiê: jornalista bem situado que pode dar publicidade ao dossiê. O poder do chantagista é proporcional ao nível do jornalista do qual é fonte. O problema não são os dossiês divulgados. São aqueles que não foram divulgados, porque, aí, a chantagem funcionou;

- esquentador de dinheiro: pode ser agência de publicidade. Tendência para se tornarem lavanderias. Também podem ser doleiros e, em casos mais sofisticados, bancos de negócios;

- financiadores privados: empresas contratadas pelo governo. Ou atuando nas áreas de espaços regulatórios. O BMG conseguiu resultados milionários nessa área;

- financiadores públicos: desde fundos de pensão aplicando em bancos que oferecem contrapartidas até empresas com interesses regulatórios.

Lula e Collor

Comparada à crise que levou Collor ao impeachment, a análise do episódio atual acentua algumas diferenças. No governo Collor, o esquema de corrupção foi operado, por Paulo César Farias, de fora para dentro do Estado e lá se instalou. Funcionou por meio de cobrança de propina a empresas privadas, envolvendo recursos particulares e tráfico de influência para transacionar recursos públicos. Ficou configurada ilegalidade no exercício da presidência da República, por crime de responsabilidade.

No governo atual, o esquema de obtenção e uso de recursos públicos e privados, operado por Marco Valério de Souza, foi executado de fora para dentro do Estado, por meio de empréstimos bancários para financiar as atividades do PT e, por essa via, supostamente financiar o pagamento do mensalão. Foi operado também de dentro para fora do Estado, por meio de contratos fraudulentos com empresas governamentais. Funcionou por intermédio de injeção de recursos, oriundos de empréstimos e de verbas de publicidade, e recursos privados, provindos de caixa dois.

No caso do governo Collor, o esquema envolveu a estrutura da administração direta de governo, o conhecimento do presidente da República, tráfico de influência em empresas estatais e a participação de agentes públicos.

No governo Lula, o esquema abrange a estrutura interna do PT, a manipulação fraudulenta de contratos de publicidade, tráfico de influência e a participação de executivos de empresas estatais. Conforme as informações produzidas em depoimento do empresário Marcos Valério e na entrevista do ex-deputado Waldemar Costa Neto à revista *Época*, era pleno o grau de conhecimento do ex-chefe da Casa Civil, José Dirceu, sobre esses assuntos, inclusive pela soma de poderes que ele reunia em suas mãos.

Impeachment?

A perspectiva de discussão e aplicação do processo de impeachment por parte do Congresso Nacional ao presidente da República compreende a resposta a três perguntas:

- Sob o aspecto de legitimidade, a população mantém razoável apoio ao presidente?

- Sob o aspecto político, o governo continua obtendo consistente apoio parlamentar na esfera do Congresso Nacional?

- Sob o aspecto legal, o presidente praticou, por ação ou omissão, algum ato que configure ilegalidade, tipificando crime de responsabilidade previsto na Constituição Federal?

Nessas condições, a instauração de procedimento para produzir o impedimento do presidente da República é um processo político com fundamento legal. A iniciativa se apóia em três pontos:

- Primeiro, é necessário que haja maioria parlamentar de três quintos dos congressistas votando pelo impeachment;

- Segundo, essa maioria deve refletir uma tendência da opinião pública, retirando legitimidade social ao mandato que se propõe interromper;
- Terceiro, a apreciação do pedido de impedimento deve se basear na tipificação legal de crime de responsabilidade previsto na Constituição Federal.

Capítulo 2

PT, ética perdida

Numa manhã cinzenta de sábado, no começo de julho de 2005, o ainda ministro da Educação, Tarso Genro, designado presidente interino do PT, desembarcou em São Paulo, na sede do partido. Iniciava o processo de investigação interna para esclarecer a trapalhada financeira em que a agremiação foi jogada.

Com rosto abatido, que nem o sotaque gaúcho conseguia evitar, disse: "Vamos fazer o esforço para a refundação do PT".

A história

O Partido dos Trabalhadores foi um dos dois vencedores da eleição municipal de 2004, ao lado do PSDB. Colheu 23 milhões de votos, e os tucanos, 22 milhões. Depois da vitória em 2002, quando elegeram Luiz Inácio Lula da Silva presidente da República, o PT consolidava uma trajetória nacional apontando para a existência de agremiação com forte poder de fogo político e eleitoral.

Historicamente, o PT se situa à esquerda do espectro ideológico, embora sua principal liderança, Lula, tenha afirmado que não é de esquerda. Os petistas têm origem sindical, basista, de tom socialista e vocação social-democrata. Por isso, a parcela à esquerda do partido combate a gestão econômica do ministro da Fazenda, Antônio Palocci, que busca, com ela, ganhar a confiança do mercado e pacificar a classe média. O PT tenta subir na pirâmide social. O PSDB tenta descer.

O discurso do PT, ao longo de sua existência, tinha acentuado dois pontos principais:

- a defesa da ética na política, como forma de combater o clientelismo e a corrupção e mudar os hábitos políticos e administrativos no país;

- a execução de políticas sociais abrangentes como meio de reduzir a fome e a miséria e promover a inclusão social de 35 milhões de pessoas que se encontram abaixo da linha de pobreza.

No caso da defesa da ética, o PT pretendeu exercer o monopólio da moralidade pública, assumindo postura política de olímpica arrogância. A ética, segundo os petistas, era uma exclusividade do PT. Até agora.

Queda moral?

Os fatos desmentiram com retumbante clareza o discurso do monopolismo moral. A direção nacional do partido transformou sua organização numa formidável usina de reciclagem financeira. Intermediou recursos de empréstimos, inclusive de terceiros, de caixa dois, e efetuou pagamento de dívidas por meio de depósitos em conta no exterior, como disse o publicitário Duda Mendonça. Na prática, a gestão financeira do PT foi terceirizada, sendo sua administração entregue a estranhos com propósitos ilegais e escusos.

A queda moral do PT sugere duas considerações importantes para a análise do quadro futuro da política partidária no Brasil. A primeira diz respeito à fragilização de um partido político cujo roteiro histórico exibiu quatro aspectos significativos:

- apresentou modelo de estruturação nacional, por meio da criação e operação de diretórios municipais, regionais e nacional;

- mostrou força de mobilização de parcelas expressivas da sociedade, conseguindo reunir grande votação em seguidas eleições;

- formulou discurso politicamente moderno, destacando a defesa de ideais de justiça social e de ética política;

- demonstrou capacidade de crescer eleitoralmente, adequando o discurso político a circunstâncias específicas do embate eleitoral até eleger o presidente da República.

Nesse sentido, o PT integrava o patrimônio político do país como uma das mais expressivas e atuantes agremiações da cena partidária. O déficit financeiro, avaliado pela direção interina encarregada de levantar a situação do partido, pode chegar a mais de R$ 80 milhões.

O desaparecimento do PT não interessa ao esforço de construção de partidos políticos no Brasil. Mas as ilegalidades praticadas por seus dirigentes não podem ficar impunes. De igual modo, a expectativa da nação é que a falta de decoro parlamentar de quase uma dezena de deputados petistas deve merecer punição no âmbito do partido e por parte da Câmara dos Deputados. Em sua refundação, para usar a expressão do presidente interino, Tarso Genro, os petistas têm que, acima de tudo, calçar as sandálias da humildade.

A segunda consideração se relaciona com as conseqüências da mistura de duas culturas, a cultura partidária e a cultura sindical, no ambiente interno do PT. Os petistas desenvolveram, domesticamente, uma cultura política belicista, mais de confrontação do que de composição. Aguerridos eleitoralmente, eles incorporaram um padrão de conduta interno de centralização de decisões. Esse tipo de comportamento envolve estilo de atuação de birô político de esquerda, no qual se discute muito, mas termina prevalecendo a vontade do grupo hegemônico.

Ainda assim, a concentração de decisões do comissariado que detinha a hegemonia, dentro do partido, convivia prolongadamente com taxas razoáveis de participação da militância. Esta ocorria especialmente por ocasião das votações internas, entre os inscritos no PT, em todo o país, para eleger a direção dos diretórios. São cerca de 800 mil filiados, e na eleição para renovar a direção do diretório nacional seis candidatos se apresentaram.

Sindicato e partido

No clima mais recente que caracterizou a atuação interna de comissários do partido, essa feição centralizadora passou a se misturar com outra cultura, oriunda de sindicatos, que formaram a base histórica de criação do petismo. A cultura sindical difere, em sua natureza, da cultura partidária e apresenta duas características principais:

- é mais fechada, submetida a pressões corporativas;

- tem horizonte mais curto de atuação, voltado para o círculo de objetivos de sua coletividade.

Diferentemente dela, a cultura partidária exibe outras acentuações:

- é mais aberta, orientada por um estatuto programático;
- trabalha com horizonte mais ampliado, na perspectiva das aspirações da sociedade.

Nesse contexto, introduzir na direção do PT a cultura sindical, assinada pelo secretário-geral, Sílvio Pereira, e pelo tesoureiro, Delúbio Soares, abrangia um risco gerencial que terminou se concretizando em dano efetivo às contas, à imagem e à viabilidade do partido.

Ficou evidente que associar a cultura beligerante do PT, na plenitude de arrogante postura política, à cultura sindical de dois de seus principais dirigentes levou o partido à falência moral e financeira.

O PT terá que despender muito esforço para recuperar, ao menos, parte da sua credibilidade política. Essa restauração partidária vai depender de iniciativas, algumas que deveriam ser adotadas imediatamente. Envolve a capacidade que o partido terá para responsabilizar politicamente os dirigentes partidários e os parlamentares que praticaram atos de corrupção.

Na medida em que o PT responsabilizar e punir os que praticaram corrupção, o processo de resgate de sua credibilidade moral vai ter curso e poderá se consolidar. Mas se houver leniência por parte dos novos gestores em relação aos que participaram de atos aéticos, o PT tenderá a desaparecer.

Por outro lado, é oportuno acentuar que o PT, como partido de governo e não de oposição, já vinha sofrendo processo de desgaste político. Todo partido político, no exercício do governo, acumula certo nível de insatisfação popular. No caso do PT, a política econômica do ministro Palocci não atendeu os postulados da ala petista mais à esquerda.

A classe média

Mas há outro aspecto relacionado com o arco social que o PT vinha buscando concretizar. É o apoio da classe média. Ela terminou votando em Lula, em 2002, no desejo de ajudar a mudança.

Acontece que promover mudanças no Brasil é tarefa que enfrenta duas dificuldades:

a) a primeira é política e se coloca na ausência de sintonia entre o pensamento médio que fundamenta as propostas do Poder Executivo, especialmente no caso do governo Lula e a tendência conservadora e clientelista que caracteriza, em geral, a atuação da maioria dos parlamentares no Poder Legislativo. Observa-se, no país, uma contradição histórica entre programas de reforma propostos pelo Poder Executivo e o padrão de comportamento do Poder Legislativo, refletindo clara resistência a mudanças.

b) a margem de recursos orçamentários federais não-comprometidos e não-vinculados a setores e a transferências inter-governamentais é de apenas 7,5% do total do Orçamento Geral da União – OGU. Ora, esse valor abre espaço de manobra muito reduzido para se pretender alterar significativamente o programa de investimentos e o panorama das políticas públicas no País.

As mudanças emperraram duplamente: na via política, por causa da falta de unidade política da base de apoio do governo e do bloqueio conservador no Congresso Nacional. E na via orçamentária, por conta da existência ínfima de recursos fiscais capazes de viabilizar investimentos importantes em setores de infraestrutura.

Mas houve um outro fator, que afetou o bolso da classe média e provocou perda de aprovação popular: inflação combinada com aperto salarial. Com efeito, a variação inflacionária, embora pequena nos últimos três anos, admitiu majoração de preços não-contratuais, como alimentos e lazer, e também aumento de valor nas tarifas de energia e comunicação, cobradas pelas empresas privatizadas. No conjunto, a majoração de produtos e serviços abrangendo alimentos, lazer, energia e telefone pesou fortemente no bolso da classe média. Sobretudo porque os salários permaneceram praticamente congelados há quase uma década.

O PT, que incorporou faixas da classe média na centelha da esperança em 2002, tinha dificuldade em mantê-las a seu lado. Com a crise moral do mensalão, ficou sem bandeira e sem discurso. E provavelmente ficará sem parcelas importantes da classe média.

Por último, uma questão cruciante vai se projetar na possibilidade de sobrevivência legal e política (ou não) do PT como partido. O publicitário Duda Mendonça afirmou ter recebido R$ 11,9 milhões de Marcos Valério em pagamento pelos serviços prestados às campanhas eleitorais do PT, em 2002, para a presidência da República e para os governos do Rio de Janeiro e de São Paulo. A fim de concretizar o recebimento de tais recursos, teve que abrir conta bancária no exterior, nas Bahamas. Significa dizer que estão aí configurados ilícitos de caixa dois, de fraude fiscal e de envio de dinheiro para o exterior. A lei orgânica dos partidos políticos pune com extinção a organização partidária que praticar este tipo de ilegalidade.

Capítulo 3

Executivo e Legislativo, (des)encontros

Às dez horas de terça-feira, 26 de julho de 2005, convocada pela Comissão Parlamentar Mista de Inquérito, a mulher de Marcos Valério, dono das agências de publicidade DNA e SMPB, compareceu à sala de audiências. Renilda Santiago dispensou a passagem aérea autorizada pela Câmara dos Deputados e pagou de sua própria bolsa.

Educada, segura até onde pôde conter a emoção, administrou lágrimas e palavras. Seletiva nas informações, foi cortante na confirmação do encontro do ex-ministro José Dirceu com a diretoria do Banco Rural, no Hotel Ouro Minas, em Belo Horizonte.

O presidente e o Congresso

O escândalo do suposto mensalão tem ligação com o contexto de relações entre os Poderes Executivo e Legislativo. Com efeito, uma das preocupações fundamentais de todo presidente da República é com o grau de aprovação, por parte da Câmara dos Deputados e do Senado Federal, dos projetos de lei e das Medidas Provisórias que o Executivo encaminha à consideração daquelas Casas Legislativas.

O bloqueio parlamentar na aprovação das propostas do Executivo pode provocar paralisia administrativa do governo, gerando a impossibilidade de dar andamento aos seus programas e projetos. A conseqüência política mais grave de um quadro deste tipo é a falta de governabilidade. Na prática, neste caso, fica configurada a incapacidade do governo em atender às demandas sociais por ausência de condições políticas para atuar administrativamente.

Ora, a idéia de atribuir um suposto mensalão a parlamentares como forma de contar com seus votos para aprovar as proposições governamentais está ligada à necessidade de se obter, a qualquer preço político e moral, a garantia de aprovação de projetos do governo.

Na verdade, na democracia brasileira, sempre foram difíceis as relações entre Executivo e Legislativo porque os partidos políticos, em geral, não agem baseados em princípios, cumprindo suas definições programáticas. Não, o acordo se dá em outro campo. O Poder Executivo termina negociando apoio por meio de formas clientelistas de ação política.

No governo do ex-presidente Fernando Henrique Cardoso, as lideranças parlamentares do PSDB costumavam dizer que o contexto daquele relacionamento compunha a "questão dos três quintos". Eles queriam, com aquela expressão, acentuar a necessidade de o governo assegurar o apoio de, pelo menos, 308 deputados e de 45 senadores, o equivalente a três quintos do número de parlamentares na Câmara e no Senado Federal, quantidade exigida para que fossem aprovadas emendas constitucionais.

Na perspectiva do governo FHC, esse ponto era estratégico porque compreendia a possibilidade de viabilizar a proposta de reforma do Estado, de aprovar a reeleição de Fernando Henrique Cardoso, de promover os ajustes fiscais destinados a assegurar a estabilidade econômica e, não menos importante, evitar a constituição de CPIs que atingissem a credibilidade do governo.

A meta de evitar a constituição de CPIs foi alcançada. Mas as reformas tributária e previdenciária, estas não o foram.

Governo refém do Congresso

Durante seu período de gestão, o governo FHC não conseguiu livrar-se do jugo dos três quintos. Apesar da aliança política com o PFL e PTB, com os quais chegou ao poder, alargada com a entrada do PMDB e PP (à época, PPB). Assim, garantiu maioria de votos no Congresso. Mas, na prática, tornou-se refém de caciques políticos, sobretudo no Senado de Antônio Carlos Magalhães e Jader Barbalho. A partir daí, grupos de parlamentares eram manobrados em negociações políticas que submetiam o governo a pressões, desgastes e decisões contrárias às suas próprias definições.

Na realidade, as normas de funcionamento do Executivo, na distribuição de verbas orçamentárias, e do Legislativo, na busca de recursos pelos deputados para atender seus eleitorados, formam combinação de forças aparentemente antagônicas, que deteriora a qualidade das relações entre os dois Poderes.

De um lado, parlamentares se sentem estimulados a adotar posturas individuais, fora da disciplina partidária, contribuindo para que os partidos políticos não se institucionalizem e não se fortaleçam. De outro, as atribuições centralizadoras dos líderes do Congresso Nacional e a faculdade do Executivo de liberar recursos contrabalançam a autonomia política dos deputados.

No fundo, no cenário político brasileiro, a força dos partidos políticos não é endógena, não vem da lealdade de seus membros. Ela decorre mais de normas de organização interna do Legislativo. Ao governo não é suficiente contar com a simpatia pessoal do deputado. O governo tem que negociar com a liderança partidária. No Brasil, dezoito partidos elegeram deputados na eleição de 2002. Apenas sete deles dispõem de efetiva influência política no Congresso.

Nesse contexto, o sistema político partidário opera sob duas lógicas: a ideológica, que reflete o posicionamento de partidos sobre questões de natureza política e econômica, e a lógica de varejo, que diz respeito a interesses imediatos de partidos e de deputados. Por exemplo, a reforma da Previdência, ou a tributária, só é viável se o grupo parlamentar de centro ideológico, que abrange metade dos deputados, fizer aliança com setores à direita ou à esquerda.

A eleição direta confere ao presidente da República mandato com força plebiscitária, mas não lhe garante maioria congressual para exercê-lo. O candidato se elege baseado em discurso ajustado às ruas, e o presidente governa negociando propostas com partidos no Congresso.

A pressão da opinião pública é fator relevante na formação da vontade política que vai determinar decisões do Legislativo. Mas não exime o Executivo de negociar politicamente com líderes e com parlamentares. Na prática, o governo é obrigado continuamente a recontratar a coalizão partidária a cada votação importante. O que se passa é uma repactuação política permanente entre Executivo e Legislativo, que se repete e perpetua indefinidamente. O governo passa por um recenseamento político toda semana.

Dois aspectos institucionais do processo legislativo são essenciais ao entendimento de como o Executivo procura exercer controle político sobre o Poder Legislativo.

Primeiro, a faculdade de o presidente da República legislar, por meio da edição de Medida Provisória, prevista no artigo 62 da Constituição Federal, para compensar a extinção do decreto-lei inspirado na Constituição italiana de 1948.

Segundo, a centralização de decisões nas mãos de líderes partidários no encaminhamento de matérias em tramitação no Congresso.

De qualquer maneira, por tudo quanto está ocorrendo na crise que afeta o país, a reforma política deverá, finalmente, entrar na pauta de discussão no Congresso Nacional. É importante que, imediatamente, se mude a lei na parte referente às formas de fazer publicidade nas campanhas eleitorais. Com isso, se tentaria baixar seu custo e evitar uso de caixa dois, cuja utilização é larga hoje em dia. Ao mudar a lei, neste instante, é preciso evitar que a emoção do momento atual produza conveniências de curto prazo. De qualquer modo, questões relacionadas à quantidade de partidos políticos e à fidelidade partidária têm que ser enfrentadas na próxima legislatura.

Capítulo 4

Arcaísmo, projeto luso-brasileiro

Na edição de segunda-feira, 25 de julho de 2005, o jornal O Globo publicou matéria dando conta de que uma das empresas de Marcos Valério fez uma contribuição financeira por fora à campanha para reeleição do ex-governador de Minas Gerais, Eduardo Azeredo, em 1998.

A notícia caiu como uma bomba no Congresso Nacional. Provocou reações diversas. O ex-presidente da República, Fernando Henrique Cardoso, pediu que fossem feitos todos os esclarecimentos necessários sobre o assunto. O senador tucano, Artur Virgílio, sugeriu que o senador Azeredo, que exerce a presidência nacional do PSDB, se oferecesse a comparecer espontaneamente à CPMI.

Desigualdade e corrupção

É preciso compreender a natureza do fenômeno da corrupção em sociedades desiguais, como a brasileira. Porque, ao compreendê-lo melhor, identificando suas origens sociais e culturais, pode-se combater suas causas com mais clareza.

Com efeito, a presença de corrupção em sociedades caracterizadas por desigualdade social é registrada em pesquisas internacionais e em estudos de entidades científicas. O país que exibe menor grau de corrupção, entre mais de cem países selecionados, é a Finlândia. Ao mesmo tempo, a nação finlandesa se encontra entre as dez primeiras colocadas no Índice de Desenvolvimento Humano – IDH. O Brasil ocupa a 59ª posição no ranking de corrupção e o 79º lugar no IDH.

A desigualdade estabelece patamares diferenciados de poder e de não-poder, de desperdício e de escassez. Passa às pessoas a percepção de que a violação de normas legais poderá ser parte integrante da vida. Transmite a sensação de desconcerto que ajuda a construir ambiente propício à corrupção. Como todo crime resulta de cálculo entre o risco da prática do ato criminoso e o benefício que dele poderá advir, o mundo desconcertado estimula o equívoco de que o crime possa vir a compensar.

A linha da pobreza

O Brasil apresenta a segunda pior distribuição de renda no mundo. Maurício Romão estudou o tema extensivamente: "Se existe algum aspecto sobre o qual há consenso entre os analistas da economia brasileira é o de que nela prepondera uma das distribuições de renda mais desiguais do mundo ocidental, senão a mais desigual." *

Entre 1960 e 1988, a porcentagem de indivíduos abaixo da linha de pobreza chegou a ficar ao redor dos 40%. Quinze anos depois o quadro não estará muito diferente. Mas essa não é uma questão que possa ser tratada no âmbito exclusivo da ciência econômica.

* Romão, Maurício. Distribuição de renda, pobreza e desigualdades regionais no Brasil. In: Camargo, José & Giambiagi, Fábio, organizadores: *Distribuição de renda no Brasil*. Rio de Janeiro: Paz e Terra, 1991.

É necessário considerar fatores não-econômicos. Suas raízes são culturais e políticas. Estão ligadas à natureza arcaica da formação colonial brasileira.

Esse arcaísmo, alimentado na mentalidade brasileira ao longo do tempo, sugere que a reprodução do sistema econômico se associa a uma hierarquia social excludente. A sociedade brasileira escravista disseminou relações desiguais de poder que geram preconceito social até hoje. De certo modo, é possível observar resquícios de mentalidade escravista nas relações sociais do país neste século XXI.

Um pouco de História

Historicamente, desde os séculos XVIII e XIX, observou-se crescente enriquecimento da burguesia mercantil, por um lado, e a pauperização do restante da população, por outro. Investida no conforto da riqueza material, a burguesia passou a sonhar com outro tipo de conquista, imaterial: vestir a roupa chique dos aristocratas.

João Fragoso e Manolo Florentino dissertam sobre esta questão (*O arcaísmo como projeto*, Rio de Janeiro, Civilização Brasileira, 2001, p. 51): "O século XVIII assistiu à sedimentação deste quadro quando a atividade agrícola, por si só, não podia manter a dominação aristocrática. Logo a participação direta ou indireta dessa fração na exploração do comércio ultramarino já tinha deixado de ser eventual para se transformar em condição *sine qua non* para sua sobrevivência."

Mais adiante, os autores afirmam: "Enfim, prevaleciam valores não-capitalistas para os quais ascender na hierarquia social necessariamente implicava tornar-se membro da aristocracia. Daí a grande propensão dos meios mercantis à aristocratização, e a canalização e esterilização de vultosos recursos adquiridos na esfera mercantil para atividades de cunho senhorial. Daí também poder-se assumir que o 'atraso' português, em pleno século XVIII, não se constituísse em mero anacronismo, fruto de uma putativa incapacidade de acompanhar o destino manifesto capitalista europeu; ao contrário, o arcaísmo era, isto sim, um verdadeiro projeto social, cuja viabilização dependia, no fundamental, da apropriação das rendas coloniais. As tentativas de modernização assentadas na manufatura ocorridas no Setecentos e no Oitocentos somente surgiram em meio a conjunturas nas quais a reprodução desse tipo de projeto se via ameaçada; uma vez passado o perigo, o ideal arcaico retornou com força total (p. 52)."

Para Fragoso e Florentino, a partir do século XVIII, a estrutura do capital mercantil na Inglaterra, na Holanda e na França se voltava a um tipo de evolução produtiva que apontava para a modernização social. O que não ocorria com os portugueses, cuja atividade comercial sugeria a permanência de contornos de uma sociedade arcaica.

De acordo com aqueles autores, para Portugal, a colonização e a montagem de estruturas hierarquizadas e excludentes no Ultramar servia ao claro propósito de preservar a antiga ordem metropolitana. Nesse sentido, a colonização lusa não teria por conseqüência o fortalecimento de novos grupos sociais fora do controle das forças do Antigo Regime (p. 224).

O Estado português, ao contrário da Inglaterra, esteve mais preocupado com a manutenção da sociedade estamental do que com sua superação. A articulação entre a economia colonial e o projeto de Lisboa centrou-se na transferência de excedentes gerados no Ultramar. Nesse contexto, a gestação e afirmação de comunidades mercantis nos trópicos contribuía para consolidar o projeto arcaico metropolitano (p. 225).

A diferença entre Brasil e Europa estava no fato de que, no mundo europeu, aristocracia e sociedade hierarquizada precederam o capital mercantil moderno. Enquanto que, no universo brasileiro, não existia uma nobreza antecedendo e lastreando as novas relações sociais.

Para aqueles autores, a cultura que tem prevalecido na sociedade brasileira contemporânea é um padrão que reproduz, por séculos a fio, mentalidade escravista e modelo de exclusão social. Recorde-se que foram durante os 49 anos do Segundo Reinado, no qual se estendeu o período da escravidão, que se prolongou um tipo, diga-se assim, estável de sociedade (p. 235).

Nos últimos trezentos anos, observa-se a permanência estrutural de desigualdade na distribuição de renda entre os brasileiros. Concentração e diferenciação continuam intactas e imunes às várias políticas, aos vários regimes políticos e aos vários governos. Esse é o ponto de contato mais nítido entre a sociedade colonial e a sociedade contemporânea no Brasil.

Conforme Fragoso e Florentino, trata-se de um tipo determinado de desigualdade em que a riqueza se concentra de tal modo que não enseja o surgimento de grupos intermediários de peso, de classes médias consolidadas economicamente, observadas em sociedades mais maduras e democráticas.

Observa-se padrão de concentração de riqueza que não se restringe ao mercado, mas tem na cultura social e política um enraizamento profundo. Porque, historicamente, não se enxerga um compromisso da sociedade, nem de governos, com o combate sério, continuado e eficaz à miséria e à exclusão social.

A aceitação da desigualdade

A conexão perversa entre desigualdade social e corrupção tem a ver com a relação entre o público e o privado. Na verdade, a desigualdade é um quadro aparentemente visto, aceito e compartilhado por muitos brasileiros.

O trabalho, no sentido das atividades realizadas por operários e trabalhadores, quase sempre é desqualificado. Enquanto, por outro lado, o exercício de negócios, de profissionais letrados, de escritores, é valorizado, conforme atestam os estudos clássicos de Gilberto Freyre e de Sérgio Buarque de Hollanda.

Não temos, os brasileiros, o hábito de fazer o elogio da diferença. Quando o fazemos, é para acentuar aquela de ordem econômica e social e para destacar os que têm daqueles que não têm. Essa é a tese de Marcos Fernandes Gonçalves da Silva (*A economia política da corrupção no Brasil*, Editora Senac, São Paulo, 2000).

Segundo ele, não vemos a desigualdade como um problema de justiça. Caso a desigualdade constituísse realmente problema para a sociedade brasileira, ela não estaria convivendo há séculos com o quadro de exclusão e de concentração de riqueza.

No fundo, a aceitação desse cenário está também reconhecida no fato de considerarmos, freqüentemente, que alguns de nós têm mais direitos do que outros.

Capítulo 5

Anatomia da corrupção

A edição de 27 de julho de 2005 da Gazeta Mercantil (p. A8) trouxe uma matéria na qual o presidente Lula ressalta a necessidade do ex-ministro-chefe da Casa Civil, José Dirceu, explicar o conteúdo das conversas que teve no Hotel Ouro Verde, em Belo Horizonte, com a diretoria do Banco Rural.

O comentário do presidente da República a seu ex-auxiliar vai na mesma linha da exortação feita pelo líder do PSDB no Senado, Artur Virgílio, a seu colega senador e correligionário, Eduardo Azeredo. Foi descoberta contribuição informal dada por empresa de Marcos Valério à campanha para reeleição do ex-governador mineiro em 1998. Azeredo não foi reeleito.

Suborno, desmoralização e decomposição

A palavra corrupção vem do latim *corruptione*. Significa suborno, desmoralização, decomposição. A Enciclopédia de Ciências Sociais da Universidade de Harvard define corrupção como o mau uso do poder político para propiciar benefícios privados (citado por Marcos Fernandes Gonçalves da Silva, idem, p. 23).

Para aquele autor, o cerne do problema da corrupção está na possibilidade de se exercer relações de dominação social e econômica. Inspiram-se e são adotadas por meio de práticas clientelísticas e patrimonialistícas.

Nesse contexto, a corrupção é estrutural e permeia as atividades públicas e privadas em sociedades pouco desenvolvidas institucionalmente. Por outro lado, em sociedades institucionalmente maduras, a corrupção não assume caráter disseminado entre as instituições.

A diferença entre os dois tipos de sociedade, as institucionalmente maduras e aquelas não maduras, está na existência de relações clientelistas dentro do Estado. Neste caso, as chamadas panelinhas, que aproximam certo número de pessoas, funcionários ou políticos em torno de interesses de grupos, criam condições para surgir manobras de corrupção (p. 34).

Patrimonialismo é ampliação, para a sociedade como um todo, da estrutura de dominação patriarcal, configurando característica própria de Estado pré-moderno. Patriarcalismo é a situação em que, dentro de uma associação, sobretudo familiar, uma pessoa exerce dominação segundo regras hereditárias.

Característica importante do patrimonialismo é que ele se estrutura ao redor de burocracia formada com base em critérios pessoais, onde opera o nepotismo. Em sociedades patrimonialistas não há clara distinção normativa entre coisa pública e espaço privado.

O custo da corrupção

Nesse contexto, o custo econômico da corrupção para o Brasil, segundo estimativas de especialistas citados pela revista Exame (20 de julho de 2005, p. 24), é de 2% do PIB brasileiro, correspondendo aproximadamente a R$ 380 bilhões.

Mas corrupção não é especialidade nacional. Ela é um mal de dimensão global. Nos Estados Unidos, em 2003, uma fraude contábil na gigante do setor energético, a Enron, levou dezenas de executivos para a cadeia, acusados de maquiar balanços para apropriar milhões de dólares.

Na Alemanha, este ano, quatro executivos da Volkswagen foram forçados a pedir demissão depois da descoberta de escândalo corporativo envolvendo suborno, desvio de dinheiro e até pagamento a prostitutas. Na Espanha, o Ministério Público pediu a prisão do presidente da Telefónica, acusado de usar informações privilegiadas para comprar e vender ações (p. 28).

Combater os corruptos

A estratégia que sociedades institucionalmente maduras constroem e utilizam contra a corrupção é promover a diminuição do clientelismo. É essencial desintensificar o relacionamento informal e defeituoso entre agentes privados e entre estes e o Estado. Relações clientelistas se estabelecem em condições sociais de pobreza. O clientelismo tende a desaparecer diante de:

- níveis crescentes de prosperidade econômica;
- consolidação de instituições democráticas;
- difusão de relações de mercado;
- ampliado controle social sobre a operação do Estado.

A persistência de patrimonialismo e clientelismo em países evoluídos institucionalmente possui características que os afastam de sociedades pré-modernas. Mas, às vezes, não é tão fácil reconhecer e garantir tal evolução. Por exemplo, nas burocracias modernas, as pessoas detêm elevado poder discricionário e as regras para tomada de decisão são flexíveis.

Por outro lado, as decisões sobre alocação de recursos nos orçamentos públicos dependem de negociações e da concessão de favores políticos. É difícil diferenciar o que seja interesse privado de grupos de pressão e o que seja interesse público (Marcos Fernandes Gonçalves da Silva, idem, p. 48).

A panelinha e o vale-tudo

No Brasil, a dominação patrimonialista de feição clientelista tem uma modalidade perseverante: a panelinha. Trata-se de grupo informal, fechado sobre si mesmo, com o objetivo de garantir benefícios para seus membros. As panelinhas estão presentes em todos os setores da vida profissional e social brasileira.

As panelinhas se organizam competitivamente e, dentro dos objetivos que são definidos pelo grupo, buscam apropriar-se de recursos públicos. Pode ocorrer também a luta pelo domínio de uma área da máquina estatal, na tentativa de garantir impunidade a seus integrantes.

Em países desenvolvidos institucionalmente, a corrupção é, em geral, fenômeno marginal porque o patrimonialismo também é marginal. E não há excesso de regulação de mercado.

Nessas sociedades, a corrupção tende a não se fixar nas estruturas públicas. É resultado da ação de mecanismos de fiscalização, controle e punição, quando estes são eficazes.

A corrupção tende a ser moralmente aceitável em países pouco desenvolvidos institucionalmente. Pode ser utilizada até como pretensa tentativa de ascensão social (p. 56).

Uma corrente de autores defende o entendimento de que, na perspectiva de explicar a corrupção, os agentes econômicos possuem uma motivação básica: maximizar seu bem-estar econômico. Eles procurarão alcançar o máximo de renda possível, atuando dentro ou fora das normas legais e de conduta econômica. É um vale-tudo moral.

Nesse contexto, a corrupção floresce com mais força, em sociedades nas quais predomina:

- centralismo estatal, onde a burocracia, sendo extensa e poderosa, impede a transparência dos negócios públicos;

- situação de impunidade, estimulando agentes públicos e privados a praticarem atos ilegais;

- tolerância pública e privada quanto à atuação ilegal de particulares e à prática de corrupção por funcionários.

Outros estudiosos dessa questão entendem que as escolhas e decisões públicas são intrinsecamente falhas do ponto de vista do critério de retidão moral e política. Porque as opções de agentes públicos não são estritamente técnicas. Não há neutralidade política nas decisões públicas, em virtude de ações deflagradas por parte de grupos de pressão. Dentro e fora do Estado. Exemplo clássico: a elaboração, discussão e aprovação de orçamentos públicos.

De outra parte, do ponto de vista do homem comum, quando é indagado sobre valores tais como honestidade e probidade, mostra-se adepto deles. Mas a prática pode revelar comportamento oposto a essa afirmação: avançar o sinal vermelho, sonegar imposto, furtar material do local de trabalho. Ou praticar atos de corrupção porque todo mundo rouba.

O controle, a auditagem e a transparência na gestão pública, no Brasil, ainda são baixos. Por causa da fragilidade desses instrumentos fiscalizatórios, alguns dos principais episódios de corrupção no país somente foram descobertos em conseqüência de briga e denúncia de familiares.

Todavia, parece claro, após a ocorrência de distorções éticas na administração pública, como a do Tribunal Regional do Trabalho de São Paulo e a do suposto mensalão, que a corrupção é passível de controle. Mas é necessário mais efetividade e eficácia nesse controle.

É também evidente que há avanços institucionais importantes na legislação e no aparelhamento dos órgãos de fiscalização depois de cada escândalo de corrupção. Mas para que esse combate seja eficaz é preciso que haja comprometimento civil por parte da sociedade organizada e ânimo cooperativo de entidades comunitárias.

A Operação Mãos Limpas, na Itália, é o exemplo mais notável de que a participação decidida de grupos organizados da sociedade e a disposição destemida do Poder Judiciário são elementos fundamentais para o êxito da tarefa (p. 99).

Em busca do bem comum

Na realidade, há um outro fator que pré-existe, que opera como pré-requisito à formação de um ambiente propício ao exercício da ética: a confiança entre as pessoas que lidam com negócios públicos, a lealdade entre os grupos que atuam no espaço público. Esta nasce da transparência no trato dos assuntos de interesse da sociedade.

A confiança entre as pessoas incentiva a agregação de um valor que ajuda a funcionalidade da ética: o bem comum. Situado acima de interesses parciais e setoriais, o bem comum é síntese e é projeto. É síntese do todo e, portanto, absorve todas as partes que o integram. E é projeto porque confiança e bem comum apontam para a construção do futuro.

Por outro lado, a convivência coletiva cujas regras imponham determinados ônus em relação à impunidade torna-se forte e socialmente desejável. Na ausência de lei e de punição, a trapaça, isenta de custos, torna-se atraente.

No Brasil, o combate à corrupção obteve avanços institucionais importantes na legislação bancária e na concepção de instrumentos orçamentários e fiscais de controle. Mas vivemos numa sociedade em que as liberdades públicas estão se consolidando no contexto em que grande parte da população é analfabeta. Esse é um aspecto relevante, porque é preciso formar massa crítica para ampliar as medidas que vão tornar a luta contra a corrupção mais eficaz.

A propósito, a Transparência Global construiu um ranking de países conforme o Índice de Percepção de Corrupção – IPC. De acordo com os dados, observa-se correlação entre níveis de desenvolvimento nacional e graus de corrupção: quanto mais desenvolvido é o país, menor é o grau de corrupção na sociedade. E vice-versa.

A tabela montada pela Transparência e reproduzida por Marcos F. G. da Silva (p. 128) mostra o seguinte:

- os dez países com menor Índice de Percepção de Corrupção são Finlândia, Dinamarca, Nova Zelândia, Suécia, Canadá, Islândia, Noruega, Cingapura, Holanda e Reino Unido;

- os dez países com maior IPC são Nigéria, Iugoslávia, Ucrânia, Azerbaijão, Indonésia, Angola, Camarões, Rússia, Quênia e Moçambique;

- os dez países com menor exibem níveis elevados de desenvolvimento econômico e social e ocupam as primeiras posições no ranking do Índice de Desenvolvimento Humano – IDH;

- os dez países com maior percepção de corrupção apresentam baixos níveis de desenvolvimento e se encontram nas posições menos elevadas no ranking do IDH;

- o Brasil é o 59º no ranking de percepção de corrupção, em posição inferior à do Chile (18º) e da Argentina (52º) e melhor colocado do que a Venezuela (71º).

Um padrão ético para o Brasil

O desempenho moral de uma organização como o Estado depende da qualidade dos que o representam e dos que atuam na rede de relações que então se estabelece no espaço público. E depende igualmente da qualidade das normas a que estão submetidos todos os agentes, públicos e privados.

No contexto dessas relações, pode vir a operar um conjunto de incentivos que podem reforçar a existência de padrão ético na sociedade. Esses incentivos são leis, instituições judiciais e valores sociais cultivados e respeitados na comunidade.

Ora, o desempenho do Estado certamente é influenciado pela existência ou não desses incentivos legais, institucionais e culturais. A qualidade do comportamento de agentes públicos e privados também o será. Portanto, na medida em que o ambiente funcionar segundo esses incentivos, o resultado social, do ponto de vista ético, será mais satisfatório.

Confiança entre instituições, legislação consistente e prática de valores morais formam capital político fundamental para combater a corrupção. Por outro lado, geram externalidades positivas na perspectiva do mercado.

Com efeito, se as regras do jogo são respeitadas e se o ambiente econômico e social está apoiado em clima de confiança, o grau de certeza em relação ao futuro se eleva. Visto por outro ângulo, o fato se confirma: diminuída a taxa de incerteza futura na economia e na sociedade, a tendência é se fazer mais negócios e se viver numa sociedade mais estável.

Sob esse aspecto, a ética contribui para o incremento de negócios e para a estabilidade social e política. Portanto, ética é elemento que está na base das sociedades estáveis.

Esse ponto é cada vez mais estratégico em sociedades complexas como aquelas em que vivemos no século XXI.

Nesse sentido, os incentivos relacionados com leis, instituições e valores sociais terminam colaborando para formar uma cultura ética. Numa cultura desse tipo, o ato de corromper torna-se mais custoso. E o gesto de aceitar ser corrompido, hipótese mais remota.

Combater a corrupção significa fortalecer a estabilidade política e econômica do país. Fortalecer essa estabilidade abrange a adoção, entre outras, de duas medidas principais:

- conferir cada vez mais transparência às ações do governo e de empresas estatais;

- exercer cada vez mais controle social sobre a atuação de funcionários sobre a organização de licitações e sobre a execução de contratos.

Capítulo 6

Trópico e paternalismo

Os saques de dinheiro no Banco Rural de Brasília começaram em setembro de 2003. Esta foi a manchete interna da Folha de S. Paulo (edição de 29 de julho de 2005, p. A7), destacando que as retiradas coincidem com a votação e aprovação da reforma tributária na Câmara dos Deputados.

Na matéria, está levantado que João Cláudio Genu, assessor do líder do Partido Popular na Câmara, José Janene (PP – Paraná), sacou R$ 1,15 milhão, sendo R$ 300 mil no dia 17 de setembro de 2003, dia em que a reforma é aprovada em primeiro turno, e R$ 600 mil no dia 24 de setembro, data da votação em segundo turno.

O caráter do brasileiro

Para uma parte significativa da elite brasileira, no século XIX, os males do país decorriam da raça. A mestiçagem era o problema. Associava-se a pobreza à incapacidade do mestiço. A fórmula preconceituosa era: o mestiço é pobre porque é incapaz. E é incapaz porque é mestiço.

Gilberto Freyre introduziu, nesse aspecto, visão inovadora à época sobre a formação do homem brasileiro, seu pensar e seu agir. De um lado, Freyre formulou conceito socialmente positivo sobre o brasileiro, opondo-se à corrente negativista de autores que atribuíam ao homem tropical preguiça e tristeza (Capistrano de Abreu); subnutrição (Jeca Tatu de Monteiro Lobato); e falta de caráter (Macunaíma de Mario de Andrade).

De outro lado, Freyre antecipou-se aos demais intérpretes da cultura brasileira, acentuando a condicionante econômica, e não exclusivamente a raça, como formadora da sociedade brasileira. Para ele, no Brasil, as relações entre brancos e raças de cor foram, desde a primeira metade do século XVI, condicionadas pelo sistema de produção econômica da monocultura e pela escassez de mulheres brancas entre os conquistadores (*Casa Grande & Senzala*, volume 1, 1961).

Tratava-se de puro preconceito. A mestiçagem, com seu potencial de criatividade e suas aptidões para a adaptação, tanto nas relações sociais, quanto na atividade mercantil, constitui fator positivo na história do povo brasileiro. Isso está claro hoje. Essas idéias foram lançadas por Gilberto Freyre no início do século XX. Foi preciso longa caminhada até o século XXI para que esses conceitos se tornassem claros. Embora ainda haja resistências a tal entendimento.

Depois de duas ditaduras no século XX, de conquistas legais da cidadania, de luta por inclusão social em programas de governo, de tentativas de democratização da vida social e política, cria-se consciência, no Brasil, de que miscigenação racial é característica construtiva de povo diferenciado.

O homem brasileiro consolidou culturalmente um perfil que ressalta três aspectos:

- é estreitamente vinculado à noção de família, consagrado no patriarcalismo, do qual decorrem o compadrio social, o nepotismo e o hierarquismo social;

- é flexível nas formas de lidar com os outros e com a lei, hábil negociador, sabendo usar a técnica do jeitinho para driblar regulamentos;

- é extrovertido, como ser psicológico, enxergando o outro como parceiro na organização, como sócio no mercado e como aliado na política.

Família, nepotismo e oligarquia

Quem é o brasileiro? Homem dos trópicos, o espaço correspondendo ao tempo, clima e raça afetando a língua, cultura mesclando etnias. A história do Brasil é tão ecológica quanto cronológica.

Aqui, a família antecede ao indivíduo e ao Estado. Dela vão surgir condicionamentos sociais importantes na cultura das empresas, na prática política, no ambiente doméstico. A família é o núcleo de onde se desdobram laços socais e políticos, confirmando hábitos e sedimentando costumes.

É o conceito de família, organicamente assentado, que produz:

- para dentro das organizações, o nepotismo que procura abrigar, em cargos e funções, parentes e próximos do chefe;

- por fora das organizações, a oligarquia que cria conexões clientelistas, políticas e sociais, baseadas nas relações de obediência ao comando político.

No primeiro caso, são penetrações que se infiltram no governo e nas empresas, criando culturas de contratação de próximos e agregados, independente de critérios de impessoalidade, que desvirtuam a boa prática administrativa. O exemplo mais recente dessa cultura foi dada pelo presidente da Câmara dos Deputados, Severino Cavalcanti, que defende a nomeação de parentes para exercer funções públicas.

No segundo caso, são vínculos que se estabelecem ao redor de instituições públicas e privadas, alimentando o clientelismo que caracteriza atraso político, bordejando chances e fixando liames entre grupos que se agregam ao poder (Luiz Otávio Cavalcanti. *Administradores, quem somos nós?*. Recife: Faculdade Santa Maria, Editora Bagaço, 2005, p. 13).

O bordejo de lobistas, junto à Empresa dos Correios, tecendo rede de interesses e gerando atos de suborno, é exemplo do que pode ocorrer no âmbito das práticas clientelistas. Na extensão do episódio, o mensalão parece se enquadrar, com pontualidade e técnica perfeitas, nos moldes de clientelismo que se aprofunda em corrupção.

Analisando o mundo político no terceiro de seus livros seminais, *Ordem e Progresso*, o antropólogo Gilberto Freyre foca as instituições públicas na transição do Império para a República. Identifica as mesmas constantes culturais observadas no universo privado em *Casa Grande & Senzala*. Na ordem republicana da política brasileira ele encontra o paternalismo, a ambivalência política e a falta de abordagem da questão social.

A república imperfeita

As alterações sociológicas trazidas pela República foram mínimas em comparação, por exemplo, com a abolição da Escravatura a 13 de maio de 1888. Os distúrbios sociais e as alterações na organização econômica ocorridos nesta não se observaram naquela.

O fato é que a República de 15 de novembro de 1889, desde seus primeiros dias, esforçou-se por continuar o regime monárquico de ordem, dando-lhe, quanto possível, nova aparência, mas conservando-lhe o conteúdo social, a configuração paternalista.

O Império tinha sempre funcionado como Império meio República, patriarcal, presidencial. O imperador, por meio do Poder Moderador, moderava os patriarcas e era por eles atenuado nos excessos de autoritarismo. O jogo político entre contrários evidenciava o imperador a equilibrar choques de uns com outros, de gente miúda com senhores da aristocracia, produzindo estilo ao mesmo tempo liberal e paternalista.

O balé político de então ensaiava avanços e recuos, transigências e contemporizações, realçando os paternalismos da Coroa e os das casas grandes. Esses paternalismos sobreviveram na República, no exercício do presidente republicano, que teve que continuar, em alguns aspectos, a ser imperador.

Sobreviveu também no papel desempenhado pelo Exército, que passou a assumir funções suprapartidárias, modulando alternâncias de conciliação e de intervenção. Remanesceu no desempenho dos coronéis do interior, em cujas mãos se reuniu o poder de antigos barões do Império, coronéis patriarcas, por vezes aristocrática e republicanamente desdenhosos do poder central.

Esse paternalismo, que carrega consigo o nepotismo, marca a vida social e a ação de governos no século XX. Não é de se esperar que desapareça com a passagem do século.

O Brasil, em 1889, tornara-se repentinamente republicano. Os fundadores militares da República, refletindo o apego à ordem que os brasileiros incorporaram durante o Império, transferiram para a nova bandeira nacional o lema positivista, ordem e progresso. Eram, na expressão freyriana, evolucionários conservadores que, ao desejo de progresso, antepunham a conservação da ordem. Progressistas, não esqueciam da tradição da ordem, que conferiam ao Brasil um de seus distintivos mais fortes.

Nesse sentido, a nação brasileira se distanciava de outras de colonização espanhola nas Américas. Enquanto algumas destas faziam do caudilhismo e da revolução uma tônica política, os brasileiros se aproximavam dos anglo-saxões, que promoveram transformações sociais dentro da ordem política.

A República de 89 produziu ambivalência política ao buscar a construção de novo sistema nacional, acentuando o senso de ordem e reorientando a noção de progresso. Mas sem confundir a consagração do princípio autoritário com movimentos messiânicos, que fizeram dos caudilhos uma representação antiquada da América espanhola.

Tal ambigüidade política fica também certificada na aceitação do regime republicano em contemporizar, realizada pelos conservadores plásticos, na conceituação de Freyre. Ordem e progresso, revolucionários conservadores, autoritarismo e democratização, Império meio República, República com verniz imperial, resultado ambivalente da prática política brasileira.

Essa ambigüidade institucional, que projeta leque de alternativas políticas em futuros possíveis, é fruto de cultura mesclada, mestiça, tropical. Metarraça que fornece tipo de político de senso intermediário, ambíguo.

A República significou menos uma experiência nova para o Brasil do que imaginara o messianismo de seus propagandistas mais cândidos. A Igreja não perdeu prestígio e o culto a D. Pedro II, pintado como Pedro Banana nas caricaturas antimonárquicas, o transforma em santo de devoção nacional.

A combinação cultural entre ambigüidade política e conservadorismo social mostrou solidez duradoura. Atravessou a Republica Velha nos anos de 1930. Impôs-se à Republica do pós-guerra nas décadas dos 1950 e 60. Sobreviveu à ditadura militar de 1964 até 1985. Ultrapassou a redemocratizacão e continuou imperando nos anos 90. A cultura da ambigüidade e conservadorismo inaugurou o século XXI, perturbadora e viva.

É essa mistura entre política ambígua e resistência à mudança que abre frestas, no edifício público, para a infiltração do clientelismo e da corrupção sob variadas formas. O mensalão seria uma delas.

Capítulo 7

De Getúlio a FHC

A revista Veja, edição de 3 de agosto de 2005, trouxe, como reportagem de capa, a fotografia do ex-ministro e a manchete: "O risco Dirceu". Nas páginas internas, 57 e seguintes, em matéria intitulada "Ele assusta o governo", lê-se: "No olho do furacão, às vésperas de seu duelo com Roberto Jefferson, o ex-ministro José Dirceu manda recados ameaçadores, inclusive a Lula, para evitar que sua cabeça seja dada como prêmio à oposição".

Conciliação, estilo brasileiro

Continuidade e não-ruptura, improvisação e não-planejamento, clientelismo político, senso intermediário. Essa é a síntese do Brasil político. São algumas das características que integram o processo da política brasileira desde a proclamação da República.

Trata-se de acentuações políticas que se desdobram no tempo. Num momento, prevalece o avanço. Noutro, predomina o recuo. Aqui, a definição. Ali, a espera. No conjunto, continuidade e não-ruptura, ambigüidade e não-clareza. Mais conciliação do que reforma.

Esse é o perfil cultural do processo político brasileiro. Continuidade, contemporização e ambigüidade constituem elementos que atravessam ciclos históricos e consagram estilos de ser e de fazer, de decidir. Estilo brasileiro. Esses traços culturais estão reconhecidos nas atuações de três ex-presidentes e do atual presidente da República: Getúlio Vargas, Juscelino Kubitschek, Fernando Henrique Cardoso e Luis Inácio Lula da Silva.

Getúlio é considerado fundador do Estado brasileiro moderno. Juscelino é havido como modelo de político vitorioso. Fernando Henrique representa o início da desconstrução do corporativismo estatal e exemplo de política dilemática que patrocinou reformas e assumiu a conciliação. Lula é um marco pessoal de incorporação de líder operário à política partidária.

Em todos eles, sentido de continuidade e cuidado para não romper; visão intermediária nas opções de ação para preservar possibilidades de reverter iniciativas. Habilidade no processo e contradição nas decisões. Em Getúlio, dualidade de ditador e democrata; em Juscelino, conciliação e exercício de perdão para os revoltosos de Aragarcas e Jacareacanga; em Fernando Henrique, ambição das privatizações e imobilismo nas reformas; em Lula, um governo, duas práticas: moderno na economia e antigo na política (idem, p. 68).

Getúlio

Ele foi um oligarca que afrontou oligarquias. Entre 1937 e 1945, na ditadura do Estado Novo, patrocinou política de modernização autoritária e paternalista, por meio da qual o governo obrigava os profissionais a se sindicalizar, intermediava as relações entre trabalhadores e patrões, concedia benefícios sociais, censurava a imprensa.

Paternalismo, esse o conceito que mais precisamente interpreta a atuação de Getúlio àquele período, refletindo característica cultural típica de governante brasileiro. O país carecia de agências modernas. Getúlio as firmou. E a iniciativa deu certo. Entre 1930 e 1940, a economia cresceu, em média, 5% ao ano.

A ambigüidade foi outra característica que integrou a atuação política de Getúlio. Ele dizia e apresentava coisas diferentes a pessoas diversas, de modo que ninguém sabia, ao certo, o que ele pretendia fazer. Num país dividido entre senhores e escravos, fortaleceu capital e trabalho, equilibrando atores no jogo político e equilibrando-se entre representações corporativas.

A obra de engenharia política mais importante de Getúlio foi a criação do partido político que buscava interpretar os anseios do nascente movimento obreiro, o Partido Trabalhista Brasileiro – PTB. O Brasil, em 1945, vivia a redemocratização, e a reestruturação partidária refletiu a base social e econômica do país. Foram organizados o Partido Social Democrático – PSD, que espelhava a base rural, reunindo lideranças oligárquicas do interior, de inspiração governista, que cultivava o raposismo político como estilo de fazer política. E a União Democrática Nacional – UDN, partido de feição urbana, que aglutinava líderes políticos das capitais e cidades mais populosas, de vocação mais liberal, que adorava a oposição como instância de ação política.

Estavam representados o Brasil rural, com o PSD, e o Brasil urbano, com a UDN. Faltava fundar e operar um partido que representasse os interesses da massa operária que começava a engrossar as levas de empregados contratados pelas fábricas, no alvorecer do ciclo de industrialização, nos anos 50. Foi aí que Getúlio criou o PTB, ocupando um espaço político e social que, de outra forma, viria a ser partilhado por partidos de esquerda com ampliada força.

Na verdade, ao fundar o PTB, Getúlio assumiu discurso trabalhista de partido social-democrata europeu, bloqueando o crescimento de movimentos de esquerda, que só surgiria com o PT, trinta anos depois, na década de 70. Na prática, a perspicácia política de Getúlio enxergou, com visão antecipatória, o vigoroso segmento de operários que começava a participar do debate nacional.

Paternalista, ambíguo, flexível, essa complexidade fica clara nos vários Getúlios em que se transformou Vargas nos dezoito anos de exercício de poder.

Juscelino

O mineiro tem sobriedade de sentimento e vontade. Recebe os rompantes dos mandões como se fosse chuva de pedra, que não dura muito. Passa. E tudo volta ao normal. Normal é o clima do mineiro. É assim que Alceu Amoroso Lima define o espírito dos mineiros (apud Cavalcanti, p. 76).

Juscelino assumiu a chefia da Nação em 1955, em contexto político que apresentava quatro desafios:

- no governo, ele tinha que garantir unidade de ação a uma equipe que reunia integrantes do PSD, do PTB e do PR (Partido Republicano), diferentes em suas origens sociais e em suas ênfases políticas;

- no Congresso Nacional, ele havia de obter estabilidade política para governar, superando provocações opostas pela UDN, por intermédio, sobretudo, de um de seus mais radicais adversários: Carlos Lacerda;

- na sociedade civil, ele seria obrigado a vencer a batalha de opinião pública, em relação a uma proposta de governo inovadora e ousada, que compreendia a transferência da capital federal para Brasília, a construção de hidrelétricas, de rodovias e a instalação das primeiras montadoras de automóveis;

- no âmbito militar, ele tinha que assegurar politicamente a liderança nos quartéis do general Lott, seu ministro da Guerra, cujo senso de legalidade havia garantido sua posse. O ministro devia evitar o golpe que terminou ocorrendo dez anos depois, em março de 1964.

Essa engenharia política ele desenvolvia com espírito de conciliação entre seus aliados; discurso de otimismo administrativo perante as expectativas da sociedade; e senso de autoridade diante de seus auxiliares.

Nessa perspectiva, Juscelino realizava síntese humana e política entre indivíduo e personagem. Pois, como pessoa, era homem alegre. E, na vida pública, desempenhava sua função com leveza. Sua desenvoltura com o povo era conseqüência de informalidade natural, inspirada em sua origem humilde, e não decorrente de estratégia premeditada.

A transformação da estrutura econômica do país foi profunda. A participação da indústria no PIB nacional passou dos 20%, em 1955, para 25% em 1960. Essa alteração ia refletindo mudanças na base social, configurando cenário de transição entre o país agrário, que operava sociedade elitista excludente, e o país em processo de industrialização, que incorporava a população urbana ao mercado de trabalho.

Juscelino comandava esse jogo de pressões e contrapressões, conciliando e dosando autoridade. Getúlio tendia para a intervenção do Estado, na direção do patriarcalismo.

Juscelino aceitava as forças de mercado na economia e o ideário liberal na política. Ambos confluíam para o território comum da cultura de gestor brasileiro: paternalismo e ambigüidade em Getúlio, conciliação e otimismo em Juscelino. Profundamente brasileiros, os dois destacaram, cada um à sua maneira, os traços do perfil político brasileiro.

FHC

Sociólogo, professor da Universidade de São Paulo – USP, professor visitante em universidades estrangeiras, Fernando Henrique Cardoso tinha roteiro de vida apontado para a academia. Formulador nato, tudo indicava que se distinguiria como intelectual. Mas veio a política.

Ministro das Relações Exteriores do governo Itamar Franco, foi transferido para o Ministério da Fazenda, substituindo Rubens Ricupero. Seu passaporte eleitoral para a chefia da nação foi um plano de estabilização econômica, o Plano Real.

Intelectual feito presidente da República no rastro do êxito de um plano econômico, em menos de três anos o sociólogo da USP tornou-se inquilino do Palácio do Planalto de 1994 a 1998. E, com a reeleição, por mais quatro anos, até 2002.

A análise das características do governo FHC pode ser feita mediante avaliação de sua ação administrativa em dois campos: no de consistência da política fiscal e no das relações entre os Poderes Executivo e Legislativo, entre 1994 e 2002.

O governo FHC se inicia com a consciência de que era preciso combater o populismo fiscal. Desde 1980, o setor público havia sido largamente endividado, criando-se enorme dívida pública. A irresponsabilidade fiscal minou as contas públicas. O ajuste fiscal, obtido truculentamente por meio de confisco financeiro ilegal promovido no governo de Fernando Collor, foi desfeito na gestão de Itamar Franco.

Aumento na folha salarial de funcionários públicos e congelamento na correção de tarifas públicas produziram bombas de efeito retardado na área fiscal do primeiro mandato de FHC. A saída foram as privatizações dos setores de telecomunicações e de eletricidade.

Com esse programa, o governo obteve ganhos fiscais com benefícios cumulativos decorrentes da receita proveniente das vendas das empresas estatais; da suspensão de exigência na utilização de recursos orçamentários para financiar rombo em empresas estatais; e o aumento da arrecadação fiscal em virtude de impostos recolhidos pelas empresas privatizadas.

O reconhecimento do esforço em favor da transparência nas contas públicas veio com o relatório do Fundo Monetário Internacional – FMI no segundo mandato de FHC. As conclusões quanto à prática da transparência fiscal foram:

- o Brasil alcançou elevado grau de transparência nas contas públicas, com melhoria na gestão financeira e na estatística fiscal;

- o principal fator de modernização nessa área foi a aprovação da Lei de Responsabilidade Fiscal, apoiando a sustentabilidade do regime fiscal a médio prazo;

- o governo federal assumiu o compromisso de não alterar as cláusulas dos contratos de reestruturação da dívida dos estados e municípios;

- os mecanismos de controle interno e externo estão bem desenvolvidos e permitem avaliar o cumprimento de exigências legais, como a relação de custo benefício dos gastos públicos.

Se na área de transparência fiscal o governo FHC fez avanço importante, na gestão da despesa verificou-se reconhecido fracasso. Quando os números do orçamento estouravam, aumentava-se impostos. Do ponto de vista da capacidade de arrecadar, o governo Fernando Henrique Cardoso bateu recordes de receita.

Durante sua gestão, a carga tributária foi elevada de 31% do PIB para 38%.

A cultura fiscal na gestão de FHC é ambígua e contraditória. De uma parte, foi firme na Lei de Responsabilidade Fiscal. De outra parte, faltou determinação política para controlar a despesa pública.

Fernando Henrique Cardoso foi um presidente convencional na prática política. Não conseguiu ser o modernizador com que sempre buscou ornar sua trajetória intelectual e política. Não conseguiu bloquear o padrão clientelista e fisiológico na relação entre os Poderes Executivo e Legislativo.

O exercício da conciliação, como método político, em negociações com parlamentares representou recuo para o pensamento do ex-presidente. Não expandiu o vôo de ousadia em favor do combate ao clientelismo. Na comparação entre estilos políticos, terá faltado a FHC o que sobrou a Getúlio: obstinação política. Mas mostrou-se dotado de grande habilidade por manter coesa, por oito anos, uma base parlamentar heterogênea e aprovar a maioria dos projetos de interesse de seu governo.

Conciliador, hábil e contraditório, esse é o perfil de gestor do ex-presidente FHC. Difere do de Getúlio em alguns aspectos. Assemelha-se em outros. Foi republicano como Juscelino sem seu otimismo. Preferiu a ironia, que nunca foi o forte de JK. No conjunto, os três se aproximam, diferentes entre si, mas profundamente identificados com o núcleo da cultura brasileira, mediadora e flexível.

Capítulo 8

Lula e O Príncipe

Na edição de quinta-feira, 11 de agosto de 2005, a Gazeta Mercantil publicou, à página A-6, que senadores propuseram reforma eleitoral para limitar os gastos com campanhas. Não seriam mais realizados showmícios. E as prestações de contas de campanhas eleitorais seriam apresentados na internet.

A estrada de Lula

Lula, o metalúrgico, foi uma promessa que se concretizou. A capacidade de aglutinar companheiros, a coragem de mobilizar comícios nos anos de chumbo, a obstinação de liderar greves no ABC, tudo isso o tornou uma liderança sindical respeitada. Cresceu de tal forma que o sindicato ficou pequeno para sua latitude. Desembarcou na política partidária.

O PT foi o estuário natural e desejado, não apenas para o líder operário, agora transformado em liderança partidária. Foi também o porto para uma parcela importante da esquerda brasileira, que queria algo mais moderno do que os partidos comunistas.

No PT, reuniram-se, no primeiro momento, intelectuais e operários, professores e trabalhadores, num arco que faltava o cheiro e a aprovação da classe média. Uma aprovação que lhe conferisse ingresso na estrada da viabilidade eleitoral.

Lula igualmente se afirmou como líder de partido. Ancorado na estrutura petista, apoiou-se em um grupo que lhe ofereceu suporte e a quem retribuiu com espaço em funções da organização partidária. Essa aliança possibilitou a formação de uma corrente, o Campo Majoritário, que obteve mais de sessenta por cento de apoio dos filiados. Foi eleito e exerceu a presidência do PT.

Ao longo dessa caminhada, Lula foi derrotado em três eleições presidenciais: 1989, 1994 e 1998. Depois dessas derrotas, finalmente enxergou o elemento social que lhe faltava: o apoio da classe média. Aprendeu que sem ela não tinha como vencer. A velha classe média continuava lá, onde sempre esteve. Lula correu para ela. Abrandou o discurso, escreveu a Carta aos Brasileiros e contratou marqueteiro. Alcançou, afinal, a presidência da República em 2002.

O provado líder operário e testado líder partidário agora é presidente da República. Ocorre que a complexidade de operação do governo de um país com as limitações e os problemas do Brasil exige de Lula o emprego de recursos ampliados, diversos dos usados antes. Outra é a natureza da gestão republicana, mais complexa e, ao mesmo tempo, sensível e dura.

O fato é que o presidente Lula assumiu a presidência da República com três limitações:

- a limitação orçamentária, pois é de apenas 7,5% o espaço fiscal que o governo dispõe livremente para investir, o restante está comprometido com vinculações de receita pública constitucionais e legais e com o pagamento da dívida pública, interna e externa;

- a limitação política, decorrente do fato de que o PT representa apenas 20% do número de parlamentares na Câmara dos Deputados e o governo precisa de maioria de votos para aprovar seus projetos-de-lei; considere-se ainda a distinção histórica que tem desaproximado os propósitos reformistas do Poder Executivo e a linha conservadora adotada pelo poder Legislativo;

- a limitação operacional, porque é a primeira vez que o PT, com tradição oposicionista e sem tecnologia administrativa na esfera da União, assume a extensa máquina gestora de âmbito federal.

Não é pouco. Trata-se de um conjunto importante de obstáculos. A limitação orçamentária bloqueia a ação administrativa. A limitação política, decorrente da relação contraditória com o Poder Legislativo, dificulta as reformas econômicas e sociais esperadas pelas empresas e ansiadas pela população. Por sua vez, a limitação operacional emperra a criatividade, que é fundamental para despertar o sono da burocracia.

A esse quadro de dificuldades, o presidente Lula agregou, na estruturação do governo, dois fatores:

a) um fator de viabilidade política configurado na gestão econômica orientada pelo ministro Antônio Palocci; com inflação sob controle, saldo comercial previsto de US$ 40 bilhões para este ano, superávit fiscal superior a 4,25%, taxa de crescimento do PIB de 3%, a economia tem atuado como âncora no contexto da crise política;

b) um fator de risco político na excessiva delegação de poderes dada pelo presidente Lula ao ex-ministro-chefe da Casa Civil, José Dirceu. A inadequada concentração de poderes na órbita de ação do ex-ministro desequilibrou a harmonia da equipe. Provocou também o surgimento de um largo espaço de decisões discricionárias com distorções graves na condução daquele setor, que terminaria afetando a credibilidade do governo como um todo.

Todo poder a Dirceu

Na verdade, a deformada delegação de poder à Casa Civil reflete um estilo de exercer o governo que abrange efetivo risco político e administrativo. O presidente tem sido chefe de Estado no crescente desempenho de relações internacionais, incrementando o intercâmbio com outros países. Mas não tem assumido a Chefia de Governo, na plenitude da supervisão das ações governamentais, que seria necessário assumir, para dar conta satisfatoriamente dos assuntos que sobem à sua consideração.

Com efeito, o distanciamento de temas que compõem o cotidiano desgastante do governo é perigosamente confortável. Delegar atribuições a terceiros, com toda carga de problemas nela envolvida, torna a administração mais leve para quem delega. No entanto, torna a gestão, ao mesmo tempo, mais fragmentada e movediça. O ponto central da questão é que a responsabilidade final é do presidente da República. Como colocou o ex-presidente norte-americano Harry Truman numa plaquinha, em cima de sua mesa, no Salão Oval.

A propósito, a releitura selecionada de *O Príncipe*, de Maquiavel, fará bem a todos os interessados. A primeira recomendação a destacar no texto clássico do autor florentino é aquela em que ele diz que é preciso firmeza no trato da coisa pública. Sob esse aspecto, o presidente tem desconsiderado o preceito maquiaveliano desde o episódio Waldomiro Diniz. O tratamento apropriado àquela situação teria sido, no mínimo, o afastamento do chefe da Casa Civil até o esclarecimento do assunto. E não demitir, a pedido, o funcionário filmado pedindo comissão.

A segunda das recomendações de Maquiavel é quanto aos soldados mercenários: "As forças com que um príncipe mantém o seu Estado são próprias ou mercenárias, auxiliares ou mistas. As mercenárias e auxiliares são inúteis e perigosas. Se alguém tiver o seu Estado apoiado em tal classe de forças, não estará nunca seguro; não são unidas aos príncipes, são ambiciosas, indisciplinadas, infiéis, insolentes para com os amigos, mas covardes perante os inimigos, não temem a Deus, nem dão fé aos homens e o príncipe só adia a própria ruína na medida em que adia o ataque." (capítulo XII).

Mercenários infiéis

O suposto mensalão, tornando mercenárias forças parlamentares em apoio a iniciativas do governo, constituiu, pois, recurso inútil e perigoso. Está provado, com certidão passada no cartório da desgraça política, que parlamentar mercenário termina não sendo confiável. Roberto Jefferson e os demais parlamentares deram razão a Maquiavel.

São reconhecidas as dificuldades de relacionamento político entre os Poderes Executivo e Legislativo para a aprovação de matérias de interesse do governo. O esforço para viabilizar as propostas governamentais tem que se basear em pressupostos de reforma política que fortaleça a fidelidade partidária.

A terceira recomendação de Maquiavel diz respeito ao dilema político de o Príncipe vir a ser amado ou temido. Está no capítulo XVII: "É muito mais seguro ser temido do que ser amado, quando se tenha que falhar numa das duas. (....). Os homens hesitam menos em ofender aos que se fazem amar do que aos que se fazem temer, porque o amor é mantido por vínculo de obrigação, o qual, devido a serem os homens pérfidos, é rompido sempre que lhes aprouver, ao passo que o temor que se infunde é alimentado pelo receio de castigo que é um sentimento que não se abandona nunca."

A supervisão presidencial, nesse contexto, precisa ser melhor cumprida. Porque a espécie de relação entre correligionários no partido é de uma natureza e a relação entre membros de um governo é de natureza diversa. O respeito à coisa pública exige zelo permanente às ações de governo e observância rígida do princípio de impessoalidade.

A quarta recomendação está no capítulo XXI: "Nada faz estimar tanto um príncipe como os grandes empreendimentos e o dar de si raros exemplos".

Tragédia moral

A crise que afeta o governo revela uma tragédia moral de costumes políticos e administrativos que vem convivendo com silêncios inconsistentes e falas solertes, ambas cobertas por manto de espesso cinismo.

Silêncios inconsistentes praticados por aqueles parlamentares, empresários, diretores de empresas públicas e privadas, que têm sido contraditados e retificados com base nos documentos e provas recolhidas pela CPMI.

Falas solertes produzidas para deflagrar conseqüências previamente planejadas, na tentativa de adequar falsamente fatos passados a raciocínios futuros.

O presidente Lula tem a chance de exemplarmente dizer, de afirmar, diante de silêncios convenientes e falas finórias. É a oportunidade para juntar fala verdadeira e responsabilidade de comando, para colar verdade e decisão. Assumir sua parte de responsável como comandante que é. Assumir sua ausente presença. A fala competente, como referiu uma vez, em seu livro, Marilena Chauí.

Assumir a presença ausente é melhor do que aplicar uma retórica que não diz nada à sociedade. Também não ajuda construir alternativa política de encontro. Só exalta ânimos que precisam de serenidade para contratar soluções.

A quinta recomendação, no capítulo XXII, trata dos ministros dos príncipes. Ressalta o seguinte: "Não é de pequena importância para um príncipe a escolha de seus ministros, os quais são bons ou não segundo a prudência daquele. A primeira conjetura que se faz, a respeito das qualidades de inteligência de um príncipe, repousa na observação dos homens que ele tem ao seu redor. (......). Para que um príncipe possa conhecer bem o ministro, há este modo que não falha nunca: quando vires que o ministro pensa mais em si próprio do que em ti, e que em todas as suas ações procura tirar proveito pessoal, podes ter a certeza de que ele não é bom e nunca poderás fiar-te nele".

Baixo zelo com a ética

É evidente que a soma de erros praticados na Casa Civil configura baixo zelo com a ética no governo. Por outro lado, demonstra pouca atenção ao risco que tais equívocos apresentavam para a credibilidade política do presidente da República.

Um elemento sobre o qual é essencial manter eterna vigilância é a arrogância no exercício do poder. A prática arrogante de quem governa é ingênua porque deságua numa vulnerabilidade. É remota a hipótese de se exercer continuado controle sobre aliados em face da possibilidade de ser chantageado, dada a incapacidade de prosseguir corrompendo indefinidamente.

Nesse sentido, a grandeza do Estado buscada pelo Príncipe repousa sobre um binômio: *virtú* e fortuna. *Virtú* é competência, é a compreensão do que se passa à volta, é tomar decisões oportunas, é construir ou não alianças viáveis, é aptidão e habilidade para enxergar o futuro além da cortina do presente. Fortuna é o elenco de circunstâncias que cerca o Príncipe, que condiciona suas orientações, que ajuda o Príncipe a manter o poder.

As iniciativas do Príncipe (*virtú*) contribuirão ou não para que se criem condições (fortuna) destinadas a viabilizar seus projetos.

Capítulo 9

O desfecho

Na sexta-feira, 12 de agosto de 2005, a Folha de S. Paulo publicou como manchete de capa: "Campanha do PT foi paga com caixa dois nas Bahamas, diz Duda". Nesse mesmo dia, a revista Época publicou entrevista do ex-deputado Waldemar Costa Neto, na qual ele acentua que o então candidato Lula participou de uma reunião no apartamento do ex-deputado para ajustar um acordo financeiro entre PT e PL, visando viabilizar a participação desses partidos na campanha presidencial de 2002.

O mensalão, tal como relatado nos depoimentos do deputado Roberto Jefferson e do empresário Marcos Valério, seria o mais original esquema de corrupção política no Brasil. Por duas razões.

A arquitetura do mensalão

Primeira, articularia o envolvimento de:

- dois setores do Estado brasileiro, o Poder Legislativo, por meio de parlamentares, e o Poder Executivo, por intermédio de empresas estatais;

- um partido político, o PT;

- uma empresa privada do setor de publicidade.

Em segundo lugar, instituiria um pagamento singular (no caso de mudar o parlamentar de partido político) ou regular (no caso de repeti-lo por ocasião das votações importantes no Congresso Nacional) a parlamentares de vários partidos políticos.

Não há precedente, na vida pública brasileira, de esquema semelhante. Os casos de corrupção anteriormente conhecidos, ou envolviam uma relação direta entre candidatos e financiadores privados de campanha eleitoral, por meio de caixa dois; ou abrangiam conexão entre funcionários públicos corruptos e agentes corruptores, buscando se apropriar de recursos públicos em conseqüência de contratos com valores superfaturados.

No caso atual, é a primeira vez que se tem notícia de esquema abrangendo setores do Estado conectados a fluxo financeiro de empresa privada passando por partido político. Essa operação funcionaria com os seguintes elementos:

1. recursos oriundos de contratos superfaturados por agência de publicidade; recursos de empréstimos feitos pela agência; recursos de outras fontes, visando lavar dinheiro; e trânsito ilegal de recursos em contas no exterior;

2. operadores do esquema organizados da seguinte maneira:

    a. operadores internos, situados no partido político, encarregados de autorizar as liberações de pagamentos em banco;

    b. operadores externos, localizados na agência de publicidade, encarregados de promover, por si ou por terceiros, os saques de dinheiro;

c. esquentador de dinheiro, que seria a agência de publicidade.

3. beneficiários, que seriam parlamentares e outros destinatários, assim designados pelos dirigentes do PT.

Trata-se de formulação engenhosa. Abrangeria o funcionamento de um fluxo financeiro destinado a irrigar adesões políticas. E carrega profundo sentido trágico para pessoas e para instituições. Com efeito, o esquema deturpa a relação político-partidária no âmbito do Partido dos Trabalhadores, fortalecendo a ação da burocracia partidária, que passou a operar de maneira pouco transparente e com feição oligárquica. Tudo em detrimento da discussão aberta e democrática e da vivência programática com a militância.

Na realidade, o que se viu foi manipulação escancarada de decisões partidárias, por parte de uma *troika*, que assumiu toda sorte de irregularidades contratuais e financeiras na gestão do PT, sem conhecimento dos órgãos e das instâncias decisórias do partido.

Um ataque às instituições

De outra parte, esse tipo de esquema distorce o relacionamento institucional entre dois Poderes de Estado, o Executivo e o Legislativo, que deveria ocorrer de modo limpo e apoiado em princípios constitucionais e legais de negociação política, de modo a consolidar as instituições do país.

Esse relacionamento, no Brasil, nunca foi tranqüilo, do ponto de vista político. No governo de Juscelino Kubitschek, por exemplo, ele só conseguiu avançar na construção de Brasília e na implantação de projetos de sua administração por intermédio de intensas negociações e do apoio de grupos de trabalho.

No governo Fernando Henrique Cardoso, essa questão era conhecida, discutida e conduzida, com grande preocupação, como problema dos três quintos, que é o exato limite no qual os projetos governamentais são aprovados pelo Congresso Nacional.

No fundo, trata-se de problema complexo, que compreende clientelismo político, patrimonialismo nas relações com os negócios de Estado, organização partidária relacionada à quantidade de partidos políticos e fidelidade partidária, para citar apenas seus aspectos principais.

No Brasil, existem e funcionam mais de vinte partidos. No entanto, sete deles, PT, PMDB, PSDB, PFL, PP, PL e PTB, são politicamente expressivos e apresentam capacidade de influir sobretudo na Câmara dos Deputados. No caso do PT, que é o partido do governo e é aquele que conta com maior número de parlamentares, representa menos de 25% da quantidade de parlamentares na Câmara dos Deputados.

Ora, esse é um quadro de pura fragmentação política. Como formar sólida e estável base de apoio parlamentar e político num cenário em que o governo tem que compatibilizar interesses, muitas vezes divergentes, de mais de cinco partidos ?

Acrescenta-se a essa dificuldade outra questão: como enfrentar a falta de fidelidade partidária que termina enfraquecendo a constituição e funcionamento de partidos políticos orgânicos ? Na atual legislatura, cerca de cem deputados, entre pouco mais de quinhentos, trocaram de partido.

A excessiva quantidade de partidos fragmenta a política. E esgarça o relacionamento entre os Poderes Executivo e Legislativo, com prejuízos para a governabilidade. Governabilidade é a capacidade do Poder Executivo em atender as demandas da sociedade mediante a cooperação institucional do Poder Legislativo. Com efeito, a dificuldade de entendimento entre os dois Poderes compromete o andamento fluente de projetos de lei cuja aprovação interessa à economia e à sociedade.

Observando-se a organização partidária na Inglaterra e nos Estados Unidos, onde, na prática, prevalece o sistema bipartidário (embora legalmente existam mais partidos), pode-se avaliar sua contribuição à governabilidade naqueles países.

Mesmo na França, na Itália e na Espanha, onde não é rígido o bipartidarismo, a disputa pelo poder se faz principalmente em torno de três partidos, que dispõem de maior expressão política e parlamentar. E se torna mais fácil construir acordos políticos e formar maiorias parlamentares.

Moral da história: quanto maior for o número de partidos e mais frouxa for a fidelidade partidária, menor será a chance de se alcançar taxas razoáveis de governabilidade. Quanto menor for o número de partidos e mais rígida for a fidelidade partidária, maior será a chance de se obter taxas razoáveis de governabilidade.

O rombo financeiro

O esquema também subtrai recursos públicos, por meio de fraude em concorrências, de contratos superfaturados e de tráfico de influência, ferindo normas de licitação e violando códigos de conduta ética na administração.

Na verdade, essa prática afeta disposições legais referentes à probidade administrativa e fere o decoro parlamentar. Configura, na prática, formidável afronta à lei, à ética e à cidadania.

A descoberta do elenco de ilicitudes praticadas no rastro desse esquema vem produzindo graves conseqüências políticas. Essas conseqüências alcançam três principais esferas sociais de poder e da sociedade:

- governo federal e, nele, podendo ou não atingir o presidente da República;
- Partido dos Trabalhadores;
- Congresso Nacional, abrangendo deputados e senadores que quebraram o decoro parlamentar.

Omissão e ambição

O governo federal foi atingido diretamente pelo suposto esquema do mensalão. Diretamente, por meio do envolvimento de empresas estatais que tiveram relacionamento com a agência de publicidade, no âmbito do qual seriam executados contratos de valor superfaturado para gerar recursos a serem redistribuídos. Também diretamente, por intermédio de suposto conhecimento da existência do esquema pelo ex-ministro José Dirceu, que a ele teria dado fiança política. E por meio da omissão do presidente Lula.

O que importa para efeito desta análise é reconhecer dois fatos: a delegação excessiva de poderes do presidente da República a seu ex-chefe da Casa Civil, José Dirceu, e a suposta decisão de Dirceu de apoiar a concepção e operação de esquema com tal poder destrutivo. O segundo fato é a omissão do presidente Lula em relação a fatos que ocorriam em seu governo.

O primeiro fato se relaciona com a forma como se organiza e como se distribui poder na administração federal, especialmente na presidência da República. E encerra lições oportunas relacionadas com controle de delegação e com o acompanhamento de tarefas delegadas.

Ressalta igualmente o fenômeno do poder, na plenitude de seu exercício, e de seus efeitos sobre a personalidade das pessoas. Não seria crível que um esquema desse tipo pudesse vir a ocorrer, se fosse o caso, com uma liderança partidária que tem uma trajetória como a do deputado José Dirceu. Os estudos de ciência política de Harold Lasswel e de Hannah Arendt, por exemplo, e os de psicologia do poder mostram como a assunção ao governo provoca conseqüências devastadoras sobre a emoção de uns. E como o poder se mostra senão neutro, ao menos mantido sob controle, sobre a emoção de outros.

Tanto em relação a uns, quanto a outros, o importante é que os recursos de controle de gestão e os instrumentos de transparência oferecidos pela lei sejam aprimorados para a defesa do erário público, da democracia e da sociedade. Como esforço e tentativa para evitar a repetição, no futuro, de qualquer outra espécie de esquema.

A ambição é elemento legítimo, que estimula alguns políticos a se dedicarem, de forma até penosa, à concretização de seus objetivos. Nesse sentido, é curioso observar como a convivência com o poder produz diferentes reações. Diminuindo o tamanho moral de uns e realçando a estatura política de outros. A política, na magnífica missão que lhe é atribuída na sociedade, admite também outra missão: mostrar como alguns convivem bem com o poder. Simplesmente porque não mudam o que sempre foram.

Lula na encruzilhada

Com relação ao futuro do presidente Lula, a questão que se põe é a seguinte:

- se ficar comprovada ligação pessoal sua com o esquema mencionado, especialmente na implementação do acordo citado na entrevista do ex-deputado Waldemar Costa Neto à revista Época, estará configurado crime de responsabilidade e ele estará passível de impedimento;

- se não ficar comprovada ligação pessoal sua com o esquema, não se configura crime de responsabilidade.

O depoimento voluntário do publicitário Duda Mendonça à CPMI dos Correios levou o presidente Lula à televisão para pedir desculpas, na sexta-feira, 11 de agosto. Seu discurso não podia mais ser adiado. E seu tom talvez não tenha sido convincente o suficiente para manter a credibilidade do presidente. A ele poderá se creditar desconhecimento administrativo sobre o mensalão, que o isentaria de responsabilidade. Por outro lado, e em decorrência desse mesmo fato, poderá a ele ser debitada falta de zelo com a condução do governo e com o maior patrimônio político já reunido por liderança contemporânea no Brasil.

De qualquer modo, o impedimento político do presidente da República se apóia em três elementos: primeiro, tipificação legal de crime de responsabilidade; segundo, maioria parlamentar que garanta o impedimento em votação aberta na Câmara e, depois, no Senado Nacional; e, terceiro, perda de apoio popular.

Permanecendo no governo, o presidente Lula pensará em se candidatar à reeleição. Não há, à vista, outro candidato no campo dos partidos de esquerda que suplantem suas condições políticas e eleitorais. É ele o mais habilitado eleitoralmente a disputar a presidência com candidatos do PSDB e do PMDB. Funcionará, aí, a química política que leva os políticos ao céu e ao abismo.

No entanto, pesquisa de opinião do DataFolha, publicada no dia 11 de agosto, mostra, pela primeira vez, que o presidente Lula perderia no segundo turno da eleição presidencial para o prefeito de São Paulo, José Serra.

O comissariado petista não apenas jogou fora um bem político no qual a militância aplicou intensa fé e o eleitorado brasileiro investiu ampliado respeito. Os dirigentes que envolveram o partido no esquema não tiveram, nem têm compreensão mínima da lesão política e do extenso dano moral que cometeram contra o conceito de partido.

O propósito dos aprendizes de feiticeiro do PT era o de arrecadar fundos milionários em volume suficiente para financiar extensas atividades partidárias e fortes campanhas eleitorais. Por via de fraudes, ilegalidades e conduta incompatível com a de um partido político.

Tão grave quanto o ocorrido é que se nota, na etapa que o presidente interino do PT, Tarso Genro, chama de refundação, o propósito de não apurar as devidas responsabilidades políticas. Nem dos membros da direção partidária, nem dos parlamentares que teriam cometido crime contra o decoro parlamentar.

Garantir a impunidade de dirigentes partidários significa levar adiante mancha política que dificultará a recuperação da imagem de ética que sempre foi emblema do partido. Parece que o poder não tem feito bem ao PT. A ponto de o senador Aloizio Mercadante, líder do governo no Senado Federal e liderança petista histórica, pensar em desfiliar-se.

A questão prática que se põe ao PT, doravante, é a seguinte: se houve, como afirmou o publicitário Duda Mendonça, uso de recurso vindo do exterior para financiar atividades do partido, ele poderá ser extinto de acordo com a lei de organização dos partidos políticos no Brasil.

O que se percebe, em seguida ao dilúvio de ilegalidades praticadas via empresas e banco pelo PT e por parlamentares, é que o publicitário Marcos Valério teria se tornado refém do tesoureiro Delúbio Soares em conseqüência de contratos de empréstimos feitos e não honrados. E que o tesoureiro Delúbio Soares teria se tornado refém de sua própria incompetência ao colocar, por gestão temerária, as finanças do PT em situação falimentar. Na prática, um se transformaria em refém do outro e igualmente refém do primeiro. Jogo de espelhos, no qual a feiúra moral de ambos põe por terra esses narcisos falhados.

Nas mãos do Congresso

Já o Congresso Nacional é a síntese social e política da nação. Lá estão representantes que cumprem arco ideológico e assumem diversificada vocação. Desde estilos agressivos ajustados à retórica de tribunas até a sutileza da ação de bastidor, costurando acordos impressentidos.

O que ocorreu a parlamentares com assento nas duas Casas Legislativas constitui infração política e ofensa moral, abrangendo mais de uma dezena de parlamentares. Infração política cometida em conseqüência do desrespeito à lei por parte de representantes eleitos pelo povo. Ofensa moral praticada por parlamentares contra si próprios, contra a instituição a que pertencem e contra os eleitores que os levaram, por meio do voto, até o Poder Legislativo.

Um mês após a entrevista do deputado Roberto Jefferson, houve uma tentativa frustrada de se bloquear as apurações mediante retirada da representação do PTB contra o líder do PP, Sandro Mabel. O presidente da Câmara dos Deputados, Severino Cavalcanti, disse que aconteceram consultas a respeito, mas que estas não prosperaram.

Esta teria sido a pior das tragédias políticas depois da descoberta do esquema de Marcos Valério. Servir a impunidade na bandeja do cinismo parlamentar teria atingido ainda mais extensamente a já afetada credibilidade moral do Poder Legislativo.

A possibilidade de se obter efetiva apuração das ilegalidades cometidas no círculo do esquema de Marcos Valério está sendo ajudada por dois fatores:

- a instantânea publicidade dada por emissoras de televisão e de rádio aos depoimentos no âmbito das Comissões Parlamentares de Inquérito e do Conselho de Ética da Câmara dos Deputados;

- a pressão da opinião pública cada vez mais consciente de que houve grave desrespeito à lei e ao decoro parlamentar e que é necessário apurar e punir os responsáveis no partido, no Parlamento e no Poder Executivo.

A dificuldade encontrada pelas Comissões de Inquérito, para apurar fatos com isenção de ânimo e indispensável imparcialidade, reside na partidarização com que as matérias em discussão, às vezes, vão sendo conduzidas. O equívoco está em se buscar, eventualmente, benefício político a um partido ao invés de se procurar a verdade. O equilíbrio do senador Delcídio Amaral tem sido o pêndulo de correção aplicado a sobras e a faltas.

Capítulo 10

O futuro

Na edição de sábado, 13 de agosto de 2005, o Estado de S. Paulo circulou com o seguinte título de capa: "Traído, Lula diz que o PT e o governo devem desculpas". A Folha de S. Paulo estampou a manchete "Fui traído e estou indignado, diz Lula".

A nação esperou o pronunciamento do presidente Lula como quem torcia por uma saída de última hora. Como quem aguardava uma explicação que realinhasse os acontecimentos. Como quem imaginava ser possível voltar no tempo. Mas não há como consertar fatos.

No fundo, os brasileiros estão perplexos com a corrupção, frustrados com a esperança política jogada fora e tontos com as incertezas sobre o futuro coletivo. Imaginavam que a palavra do presidente Lula, pronunciada na undécima hora, pudesse trazer alguma justificação e alívio. Ou, ao menos, uma afirmativa direta, pura e cristalina: "Sou responsável pelo governo, assumo os erros cometidos na minha gestão e peço desculpas ao povo".

O que a população viu foi um presidente Lula impessoal no papel mais pessoal que alguém pode desempenhar, o de presidente da República. A nação ouviu um presidente contrafeito com seu próprio discurso, como se ele não tivesse a obrigação ou não quisesse fazê-lo. Um presidente que se mostrou forçado a praticar uma escusa sobre fatos cuja realização ele aparentemente nada tivesse a ver.

Quem se apresentou ali, na televisão, não foi o presidente Lula. Foi seu sósia institucional, que não encontrou condições de cumprir seu papel. Talvez não tenha podido, psicologicamente, situar, na altura devida, o discurso que devia pronunciar. Talvez não tenha podido, emocionalmente, certificar a qualidade de texto que devia transmitir. Nem tenha podido expor a sinceridade de alma que devia transpirar na sua mensagem.

A impessoalidade quando falou sobre a gestão e a indeterminação quando falou sobre os fatos retirou qualquer emoção à fala presidencial. Retirou dela o tom humano. O carisma extraordinário, tão conhecido dos brasileiros, escondeu-se por trás de uma espécie de metal político, resultando num discurso que não aconteceu. Tanto que o presidente só se sentiu à vontade quando retirou os olhos do texto para fazer breves improvisos.

Na fala, Lula não foi presidente. Não assumiu a si próprio. Descolou de seu próprio ser político. Supõe-se que a orientação técnica prestada pelo advogado e ministro da Justiça, Márcio Tomáz Bastos, neutralizou o efeito político do discurso. A recomendação técnica pode ter calibrado o discurso para enquadrá-lo às necessidades legais. Mas pode tê-lo podado naquilo que ele teria de mais humano, verdadeiro e politicamente valioso.

Por seu turno, a economia tem resistido aos trancos produzidos no sistema político. A Bolsa de Valores de São Paulo tem mantido o nível de negócios. O investidor estrangeiro é responsável por 32% dos R$ 1,5 bilhão negociados diariamente na Bovespa. O PIB vai crescer mais de 3% este ano, mas ainda é pouco se comparada com a taxa estimada de crescimento de 4,3% para a economia mundial, e de 6,3% para a economia dos países emergentes.

A taxa de inflação segue sob controle nos vários índices em que vem sendo apurada, seja nos preços por atacado, seja nos preços do varejo. O IGPM vem registrando taxa declinante, o que aponta para queda de juros no próximo ano.

De fato, há uma inércia política, navegando imperceptível por trás dos fatos, que pode ajudar o presidente Lula a permanecer no poder pelo período de dezessete meses de mandato que lhe restam. Trata-se de uma combinação de três fatores:

- um fator político, baseado no reconhecimento dos partidos de oposição, PSDB e PFL, de que o desgaste do presidente Lula é tal que se deve mantê-lo fraco no poder para derrotá-lo nas próximas eleições de outubro de 2006. Essa hipótese teria a vantagem de evitar toda sorte de atropelos econômicos e sociais decorrentes do processo de impedimento presidencial;

- um fator econômico, apoiado no entendimento das grandes empresas e do mercado financeiro de que a gestão do ministro Palocci é consistente, tem produzido bons resultados e merece ser continuada. A economia se torna razão instrumental de sobrevivência política;

- um fator sucessório, fundamentado no temor político de setores da oposição e do PT, a respeito do tipo de condução que seria dada ao governo e que espécie de direção seria imprimida ao país pelo atual vice-presidente, José Alencar. Para esses setores, a substituição do atual presidente da República por seu vice é cenário de risco. Envolve dúvidas políticas que não ajudam a formar um quadro de estabilidade institucional, desejável para o período de pós-trauma com o processo de impedimento presidencial.

Na edição de domingo, 14 de agosto de 2005, a Folha de S. Paulo publica, à página A8, enquete com 57 pessoas entre empresários, políticos, intelectuais, professores, advogados, artistas, sindicalistas e líderes de movimentos sociais. Na pesquisa, 47 deles responderam não haver razão objetiva para abertura de processo de impedimento do presidente. Outros 13 responderam que há.

O processo político de impedimento (impeachment) do presidente da República está previsto no art. 85 da Constituição Federal e se baseia na configuração de crime de responsabilidade. Estão previstas sete hipóteses legais de crime de responsabilidade, entre elas crime contra a probidade na administração, contra a lei orçamentária e contra o cumprimento de leis e decisões judiciais.

Na prática, o processo contra o presidente se inicia pela Câmara dos Deputados, onde precisa ser aprovado por dois terços dos parlamentares (342 deputados federais). No caso de aprovação, o presidente da República é afastado de suas funções e aguarda julgamento pelo Senado Federal. Para ser deposto, o presidente precisa ser condenado por dois terços do Senado (54 senadores).

De qualquer maneira, haja o que houver, o país poderá estar escrevendo uma das mais belas páginas de sua história recente. Enfrentar a corrupção é punir corajosamente culpados. É identificar formas de aperfeiçoar a legislação fiscal e financeira. A criação do COAF – Conselho de Controle de Atividades Financeiras foi avanço importante. É preciso avançar mais e criar modos de melhor acompanhar e controlar os atos do administrador público.

É possível enxergar além dos olhos dos que têm continuamente mentido à nação, perfeitos pulhas que fazem da vida pública mera trapaça particular.

O futuro é uma obra coletiva. Ele está sempre reinaugurando a vida, reintroduzindo a esperança e renovando o fazer das pessoas. Depois de um episódio como o que o Brasil está vivendo, de decepção e de revolta, o país é capaz de sair mais limpo. De se sentir mais forte porque mais livre de corrupção. Mais limpos, mais livres e mais fortes é como nos deveremos sentir ao final desse processo.

Este livro foi composto em Minion e
impresso pela Ediouro Gráfica sobre papel
OFFSET 75g da Ripasa.
Foram produzidos 5.000 exemplares para a
Ediouro Publicações em agosto de 2005.